나혼자 끝내는 독학 프랑스어 첫걸음

지은이 염찬희
펴낸이 임상진
펴낸곳 (주)넥서스

초판 1쇄 발행 2017년 7월 30일
초판 19쇄 발행 2023년 11월 10일

2판 1쇄 인쇄 2024년 9월 20일
2판 1쇄 발행 2024년 9월 25일

출판신고 1992년 4월 3일 제311-2002-2호
주소 10880 경기도 파주시 지목로 5
전화 (02)330-5500 팩스 (02)330-5555

ISBN 979-11-6683-934-4 13760

저자와 출판사의 허락 없이 내용의 일부를
인용하거나 발췌하는 것을 금합니다.
저자와의 협의에 따라서 인지는 붙이지 않습니다.

가격은 뒤표지에 있습니다.
잘못 만들어진 책은 구입처에서 바꾸어 드립니다.

www.nexusbook.com

나혼자 끝내는 독학 프랑스어 첫걸음

염찬희 지음

넥서스

프랑스어 공부를
처음 시작하시는 분들께

프랑스어 공부에 처음 도전하시는 분들,
입문/초급 주변에서 오랫동안 배회(방황?)하셨던 학습자분들 보셔요!

프랑스어는 듣기에 무척 매력적인 언어이지만 혼자 학습하기엔 상당히 까다로운 발음과 문법으로 애를 먹이는 도도한 언어이기도 합니다. 하지만 어떤 외국어도 누워서 떡 먹기처럼 학습할 수는 없을 것입니다. 멋져 보인다고 할 수 있을 만큼의 의욕과 집중이 필요합니다. 그런 다음, 실력이 나아가는 데 있어 네비게이션 역할을 잘 수행해 줄 교재가 반드시 필요합니다.

본 교재는 무엇보다 이 유럽 언어에 살갑게 다가갈 수 있도록 세심하고 친절하게, 최대한 체계적으로 여러분의 학습 방향을 안내하는 것에 목적을 두고 있습니다. 세상 모든 일이 그렇듯 의욕만으로는 안 됩니다. 모처럼 마음먹은 외국어 학습의 첫걸음이 지루하고 고단하게 다가온다면 얼마 못 가 결국 흐지부지했던 경험으로 남을 수밖에 없을 것입니다.

〈나혼자 끝내는 독학 프랑스어 첫걸음〉은 일상회화를 중심으로 기본 문법에 집중했습니다. 알파벳과 모음, 자음 발음을 시작으로 자기소개와 의사 표현 등 현지 생활에 꼭 필요한 회화들로 구성되어 있습니다. 여러분은 이 교재의 설명을 집중해서 읽고, 매 강의마다 소개되는 일상 어휘를 꼼꼼히 암기하시면 됩니다.

혼자서 한숨 쉬지 마세요! 쉽게 쓰여진 본 교재와 더불어 지팡이 삼아 학습할 수 있는 동영상 강의 그리고 부록 문법노트와 단어장 등이 있습니다. 그리고 마지막으로 드리고 싶은 말씀은, 언어 학습의 포인트는 "복습"이라는 것입니다. 효율적으로 되짚어 볼 수 있게 도와주는 여러 학습자료와 함께 웃으면서 공부하세요. 여러분, Bienvenue ! 두 팔 벌려 환영합니다.

저자 염찬희

나혼자 프랑스어 공부법

1 먼저 **동영상 강의**를 들어 보세요.
본책을 공부한 다음에는 **복습용 동영상**을 보며 다시 한번 복습합니다.
» ① QR코드
　② 유튜브

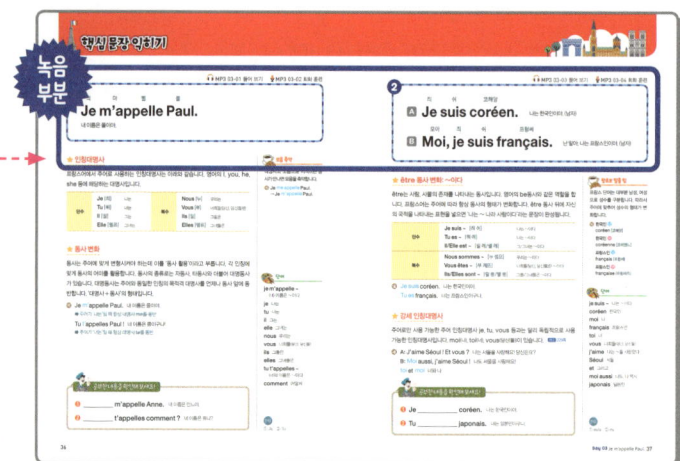

2 문장을 통해 주요 표현과 기초 문법을 공부합니다. **MP3**를 들으며 단어도 같이 외워 주세요. 공부한 내용을 바로 확인할 수 있는 간단한 연습문제가 있습니다.
» ① QR코드
　② 넥서스 홈페이지

3 초급 단계에서 익혀야 할 단어들을 외우기 쉽도록 그림과 함께 정리했습니다.

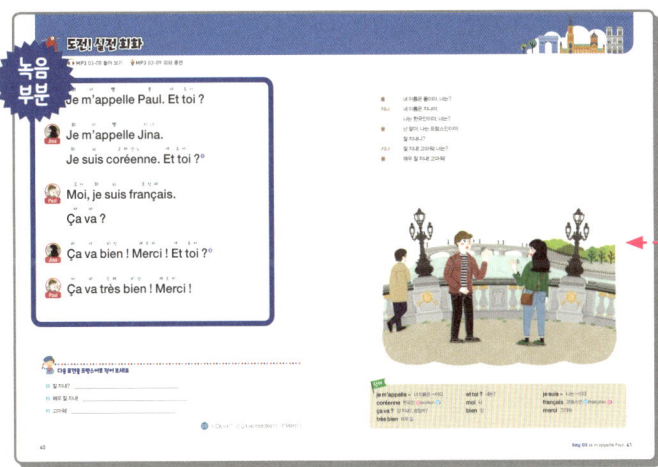

4 '핵심 문장 익히기'에서 배운 문장들로 구성되어 있습니다. 처음에는 듣기 MP3를, 두 번째는 회화 훈련 MP3를 들으면서 따라 말해 보세요.

5 이제는 오늘의 공부를 마치면서 실력을 확인해 보는 시간! '핵심 문장 익히기'를 이해했다면 쉽게 풀 수 있는 문제입니다.

6 프랑스어를 배우면서, 프랑스 문화의 재미있는 모습을 함께 살펴볼 수 있습니다.

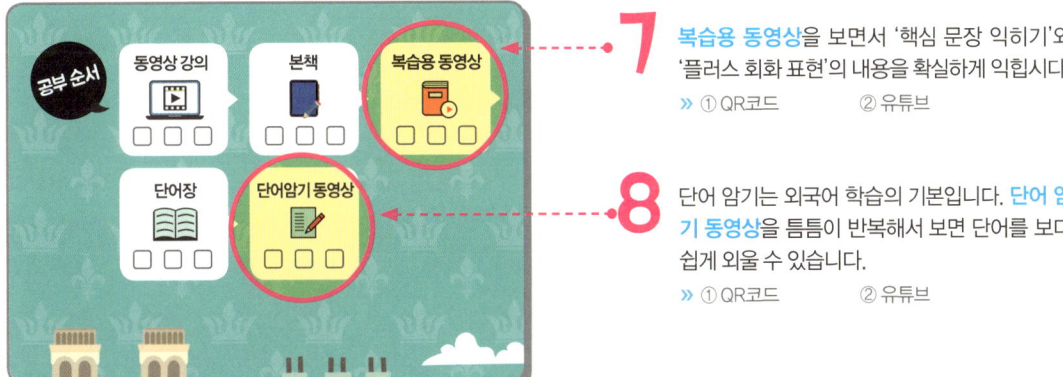

7 복습용 동영상을 보면서 '핵심 문장 익히기'와 '플러스 회화 표현'의 내용을 확실하게 익힙시다.
» ① QR코드　② 유튜브

8 단어 암기는 외국어 학습의 기본입니다. 단어 암기 동영상을 틈틈이 반복해서 보면 단어를 보다 쉽게 외울 수 있습니다.
» ① QR코드　② 유튜브

⟨나혼자 끝내는 독학 프랑스어 첫걸음⟩은?

⟨나혼자 끝내는 독학 프랑스어 첫걸음⟩은 혼자서 프랑스어를 공부하는 분들을 위해 개발된 독학자 맞춤형 교재입니다. 학원에 다니지 않아도, 단어장이나 다른 참고서를 사지 않아도 이 책 한 권만으로 충분히 프랑스어 기초 과정을 마스터할 수 있도록 구성되어 있습니다.

⟨나혼자 끝내는 독학 프랑스어 첫걸음⟩은 본책과 함께 부록으로 단어장을 제공합니다. 혼자 공부하는 학습자들을 위해 총 8가지 독학용 학습자료를 무료로 제공하고 있습니다.

온라인 무료 제공

 **동영상 강의** — 저자 선생님이 왕초보 학습자들이 헷갈려하는 프랑스어의 핵심을 콕콕 집어 알려줍니다.

 **발음 특훈 동영상** — 프랑스어는 비음이 많아 발음이 어려운 편입니다. 독학자들이 처음부터 자신 있게 공부할 수 있도록 문자와 발음을 상세하게 설명해 드립니다.

 복습용 동영상 — '핵심 문장 익히기'에 나온 문장들을 복습할 수 있도록 구성된 동영상입니다. 반복해서 보면 문장들을 통암기할 수 있을 것입니다.

 **단어 암기 동영상** — 깜빡이 학습법으로 단어를 자동 암기할 수 있도록 도와줍니다.

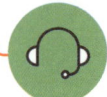 **듣기 MP3** — 프랑스어 원어민의 정확한 발음을 들어 보세요. MP3만 들어도 듣기 공부가 됩니다.

 **회화 훈련 MP3** — 회화 훈련 MP3는 프랑스어 음성을 듣고 따라 말하는 연습을 할 수 있도록 구성되어 있습니다.

 **도우미 단어장** — 각 Jour의 주요 단어들을 정리해 놓았습니다. 단어 암기는 외국어 학습의 기본입니다. 들고 다니면서 틈틈이 단어를 암기합시다.

 **왕초보 그림 단어장** — 책에 나온 단어 외에 일상생활에서 자주 쓰이는 단어들을 정리했습니다. 그림과 함께 제시하여 쉽게 외울 수 있습니다.

MP3&무료 동영상 보는 법

방법 1
스마트폰에 QR코드 리더를 설치하여 책 속의 QR코드를 인식한다.
» 동영상&MP3

방법 2
nexusbook.com에서 도서명으로 검색한 다음 MP3/부가자료 영역에서 다운받기를 클릭한다.
» MP3

① '넥서스 홈페이지' 접속
www.nexusbook.com
② '다운받기' 클릭 후 파일 다운로드

방법 3
유튜브에서 〈나혼자 끝내는 프랑스어〉를 검색한다.
» 동영상

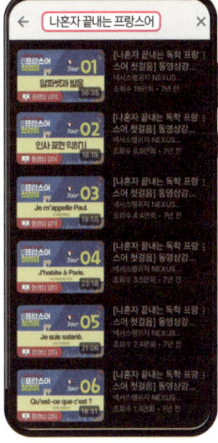

20일 완성 학습 플래너

동영상 강의 　 복습용 동영상
단어암기 동영상 　 단어장

	공부한 날	동영상 강의	본책 MP3와 함께 들어 보세요	복습용 동영상	도우미 단어장	단어암기 동영상
Jour 01	월　일	발음 특훈	1회 2회 3회 16~25쪽			
Jour 02	월　일	▶	1회 2회 3회 26~33쪽	▶		
Jour 03	월　일	▶	1회 2회 3회 34~43쪽	▶	2~3쪽	✎
Jour 04	월　일	▶	1회 2회 3회 44~53쪽	▶	4쪽	✎
Jour 05	월　일	▶	1회 2회 3회 54~63쪽	▶	5쪽	✎
Jour 06	월　일	▶	1회 2회 3회 64~73쪽	▶	6~7쪽	✎
Jour 07	월　일	▶	1회 2회 3회 74~83쪽	▶	8~9쪽	✎
Jour 08	월　일	▶	1회 2회 3회 84~93쪽	▶	10~11쪽	✎
Jour 09	월　일	▶	1회 2회 3회 94~103쪽	▶	12~14쪽	✎
Jour 10	월　일	▶	1회 2회 3회 104~113쪽	▶	15쪽	✎

	공부한 날	동영상 강의	본책 MP3와 함께 들어 보세요	복습용 동영상	도우미 단어장	단어암기 동영상
Jour 11	월 일	▶	1회 2회 3회 114~123쪽	📖▶	📖 16쪽	📝
Jour 12	월 일	▶	1회 2회 3회 124~133쪽	📖▶	📖 17쪽	📝
Jour 13	월 일	▶	1회 2회 3회 134~143쪽	📖▶	📖 18~19쪽	📝
Jour 14	월 일	▶	1회 2회 3회 144~153쪽	📖▶	📖 20~21쪽	📝
Jour 15	월 일	▶	1회 2회 3회 154~163쪽	📖▶	📖 22~23쪽	📝
Jour 16	월 일	▶	1회 2회 3회 164~173쪽	📖▶	📖 24~26쪽	📝
Jour 17	월 일	▶	1회 2회 3회 174~183쪽	📖▶	📖 27쪽	📝
Jour 18	월 일	▶	1회 2회 3회 184~193쪽	📖▶	📖 28~29쪽	📝
Jour 19	월 일	▶	1회 2회 3회 194~203쪽	📖▶	📖 30~31쪽	📝
Jour 20	월 일	▶	1회 2회 3회 204~213쪽	📖▶	📖 32~33쪽	📝

# 목차

- 프랑스어 공부를 처음 시작하시는 분들께 _5
- 나혼자 프랑스어 공부법 _6
- 〈나혼자 끝내는 독학 프랑스어 첫걸음〉은? _8
- MP3 & 무료 동영상 보는 법 _9
- 20일 완성 학습 플래너 _10

Jour 01 · 알파벳과 발음 · 16
- ☐ 프랑스어 알파벳
- ☐ 모음
- ☐ 반모음
- ☐ 프랑스어 발음 방법
- ☐ 비모음

Jour 02 · 인사 표현 익히기 · 26
- ☐ 만났을 때
- ☐ 안부를 물어볼 때
- ☐ 사과할 때
- ☐ 잠자리에 들 때
- ☐ 격려하기
- ☐ 생일 축하하기
- ☐ 헤어질 때
- ☐ 감사할 때
- ☐ 식사할 때
- ☐ 축하할 때
- ☐ 행운 빌어주기

Jour 03 · Je m'appelle Paul. 내 이름은 폴이야. · 34
- ☐ 인칭대명사
- ☐ être 동사 변화
- ☐ 안부 묻고 대답하기
- ☐ 나라 이름
- ☐ 동사 변화
- ☐ 강세 인칭대명사
- ☐ 되물을 때 사용하는 표현
- ☐ 만났을 때 볼에 키스하기

Jour 04 · J'habite à Paris. 나는 파리에 살고 있어. · 44
- ☐ 1군 동사 habiter
- ☐ 1군 동사 aimer
- ☐ 1군 동사 parler
- ☐ 대표적인 1군 동사
- ☐ 전치사 à
- ☐ 동의 표현하기
- ☐ 정도를 나타내는 부사
- ☐ 지방 사람들에게 보여지는 파리지앵의 모습

Jour 05

Je suis salarié. 나는 회사원이야.   54

- ☐ 직업 나타내기
- ☐ 사람의 성품을 나타내는 형용사 gentil
- ☐ 상태를 나타내는 형용사
- ☐ 명사의 성과 수
- ☐ 부정문 만들기
- ☐ 일상적인 에티켓

Jour 06

Qu'est-ce que c'est ? 이것은 무엇이니?   64

- ☐ Qu'est-ce que ~ ?
- ☐ C'est + 사람 명사
- ☐ Ce sont + 복수 명사
- ☐ 일상생활 기초 단어
- ☐ C'est + 사물 명사
- ☐ C'est + 형용사
- ☐ C'est bon
- ☐ 앙굴렘 국제 만화 페스티벌

Jour 07

Mon chat est blanc. 내 고양이는 하얗다.   74

- ☐ 소유 형용사
- ☐ 정관사 le, la, les
- ☐ 전치사 de
- ☐ 프랑스의 상징, 수탉
- ☐ 형용사의 성과 수
- ☐ 장소를 나타내는 부사 là
- ☐ 색깔 표현

Jour 08

J'ai faim. 배가 고파.   84

- ☐ 3군 변칙동사 avoir
- ☐ 부족·결핍 표현하기(관용 표현)
- ☐ 전치사와 정관사의 축약
- ☐ 프랑스에서 병원 방문하기
- ☐ 부정의 de
- ☐ avoir mal à + 관사 + 신체 부위
- ☐ 신체 부위

Jour 09

J'ai 22 ans. 나는 스물두 살이야.   94

- ☐ 의문형용사 quel
- ☐ avoir를 활용해 나이 묻고 답하기
- ☐ 날짜 묻고 답하기
- ☐ 전화번호 알려 주기
- ☐ 날짜 표현
- ☐ 의문형용사 quel의 어순
- ☐ 요일 묻고 답하기
- ☐ 전화번호 묻기
- ☐ 숫자 0~10
- ☐ 청춘들의 파티

Jour 10

J'achète du fromage. 나는 치즈를 사.   104

- ☐ 1군 변칙동사 acheter
- ☐ 부분관사
- ☐ 주요 1군 변칙동사
- ☐ 의문사 Que로 의문문 만들기
- ☐ 1군 변칙동사 manger
- ☐ 프랑스에서 장 보기

Jour 11 — Je me lève tôt. 나는 일찍 일어나. 114

- 대명동사
- 대명동사 se coucher
- 대명동사 se promener
- 주요 1군 대명동사
- 대명동사 se lever
- 대명동사 부정문 만들기
- dans
- 프랑스식 결혼식

Jour 12 — Tu dînes à quelle heure ? 너는 몇 시에 저녁을 먹어? 124

- 2군 동사 finir
- à + 숫자 + heure
- 전치사 moins
- 프랑스인들의 야근에 대한 인식
- 시간 표현 (~시)
- 시간 표현 (~분)
- 형용사로 2군 동사 만들기

Jour 13 — Je vais à Paris. 나는 파리에 가. 134

- 3군 동사 aller
- 'à + 도시·국가명'의 관사 변화
- 3군 동사 venir de
- 움직임을 나타내는 동사 + 전치사
- 'à + le / la / les + 장소명'이 올 때의 관사 축약
- Bon voyage !
- 'de + le / la / les + 장소명'이 올 때의 관사 축약
- 프랑스 대표 빵, 바게트

Jour 14 — Je fais du sport. 나는 운동을 해. 144

- 3군 동사 faire
- 반복·지속되는 시간 단위
- Qu'est-ce que tu fais ?
- 저녁식사에 초대받았을 때

Jour 15 — Il y a un chat. 고양이 한 마리가 있습니다. 154

- Il y a + 명사
- sur ~ 위에 ↔ sous ~ 아래에
- 3군 동사 dormir
- 위치를 나타내는 전치사(구)
- mon / ma / mes
- 1군 동사 passer
- devant ~ 앞에 ↔ derrière ~ 뒤에
- 프랑스인의 반려동물 사랑

Jour 16

Il fait beau !   날씨가 화창하군!   164

- ☐ 비인칭 주어 + faire + 형용사
- ☐ 형용사 비교급
- ☐ 3군 동사 prendre
- ☐ prendre 동사 표현
- ☐ 날씨를 표현하는 다른 방법
- ☐ 'plus + 형용사'에서 형태가 바뀌는 경우
- ☐ 제안과 수락의 표현
- ☐ 포도 따기 아르바이트

Jour 17

Je veux danser !   난 춤을 추고 싶어!   174

- ☐ 3군 동사 vouloir
- ☐ 3군 동사 devoir
- ☐ 3군 동사 pouvoir
- ☐ 주말 활동
- ☐ Je voudrais + 명사 / 동사원형
- ☐ Tu devrais + 동사원형
- ☐ Je pourrais + 동사원형?
- ☐ 파리의 밤의 상자

Jour 18

Je travaille à Paris depuis deux ans.
나는 2년 전부터 파리에서 일하고 있어.   184

- ☐ 시간을 나타내는 전치사 depuis
- ☐ 시간을 나타내는 전치사 pour
- ☐ en + 시간 단위
- ☐ 프랑스인들의 놀라운 독서량
- ☐ an
- ☐ 시간을 나타내는 전치사 pendant
- ☐ 어느 파리지엔느의 하루

Jour 19

Regarde le ciel bleu !   파란 하늘을 봐!   194

- ☐ 명령문 만들기
- ☐ 부정 명령문
- ☐ 대명사를 이용해서 제안 표현하기
- ☐ 한 여름밤의 음악 축제
- ☐ 대명동사의 명령형
- ☐ 함께할 것 제안하기
- ☐ 자주 찾는 상점들

Jour 20

Je vais aller en France !   난 프랑스로 갈 거야!   204

- ☐ aller + 동사원형
- ☐ venir de + 동사원형
- ☐ 시간 표현
- ☐ 계절 활동
- ☐ 봄 여름 가을 겨울
- ☐ venir de + 장소
- ☐ 횟수와 관련된 표현
- ☐ 세일

★ 핵심 문법 요점 노트 _214

Jour 01
알파벳과 발음

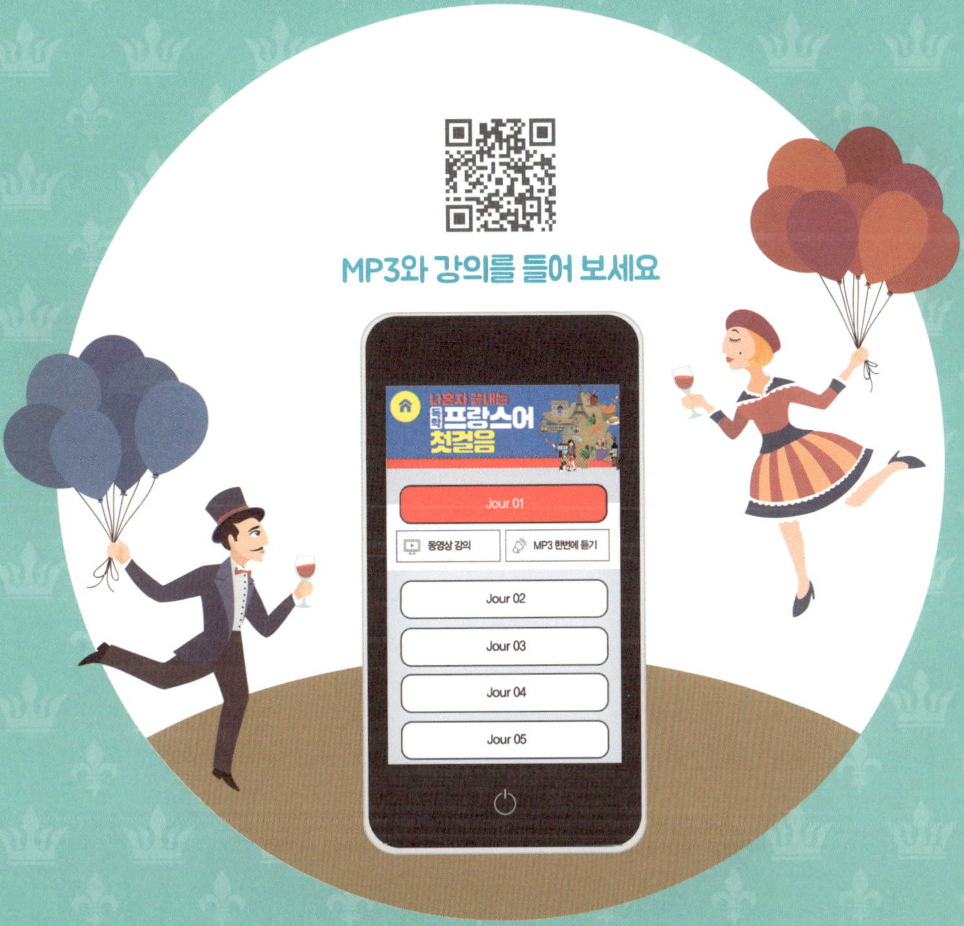

MP3와 강의를 들어 보세요

공부 순서  발음 특훈 동영상   본책

프랑스어 알파벳

프랑스어는 영어처럼 26개의 철자로 이루어져 있습니다.
알파벳을 보고 따라 읽어 보세요.

발음을 텍스트로 변형시키는 데는 한계가 있으니, MP3로 원어민 발음을 들으며 정확한 발음을 확인하세요. 자주 듣고 입으로 소리 내어 말해 보아야 발음에 익숙해지게 됩니다.

🎧 MP3 01-01

대문자	소문자	발음	
A	a	아	ami [아미] 친구
B	b	베	bébé [베베] 아기
C	c	쎄	céréale [쎄헤알] 콘플레이크
D	d	데	décor [데코흐] 장식
E	e	으	genou [쥐누] 무릎
F	f	에프	fête [페트] 파티
G	g	줴	génie [줴니] 천재
H	h	아쉬	hache [아쉬] 도끼
I	i	이	Italie [이탈리] 이탈리아
J	j	지	jardin [쟈흐당] 정원
K	k	꺄	koala [꼬알라] 코알라
L	l	엘	elle [엘르] 그녀

대문자	소문자	발음	
M	m	엠	maison [메종] 집
N	n	엔느	neige [네쥬] (내리는) 눈
O	o	오	poète [뽀에트] 시인
P	p	뻬	Pérou [뻬후] 페루
Q	q	뀌	culotte [뀔오트] 팬티
R	r	에흐	mer [메흐] 바다
S	s	에스	escargot [에스캬흐고] 달팽이
T	t	떼	télévision [땔래비지옹] 텔레비전
U	u	위	unifome [위니포흐므] 교복
V	v	베	vélo [밸로] 자전거
W	w	두블르베	wc [두블르베세] 화장실의 약자
X	x	익스	xylophone [그질로폰느] 실로폰
Y	y	이그헤크	Yves Montant [이브 몽떵] (가수 이름)
Z	z	제드	zèbre [제브흐] 얼룩말

프랑스어 발음 방법

MP3 01-02

A/a	[아]	입술을 자연스럽게 여세요. 혀를 아랫니에 두고 [아]로 발음합니다. 예 ami [아미] 친구
B/b	[배]	입술을 살짝 여세요. 혀를 긴장시킨 뒤 [배]로 발음합니다. 예 bébé [배배] 아기
C/c	[쌔]	양쪽 입 끝을 미소 짓듯 옆으로 잡아당기세요. 혀끝을 아랫니에 단단히 박고 [쌔]로 발음합니다. 예 céréale [쌔해알] 콘플레이크
D/d	[대]	혀끝을 앞니 쪽으로 향하게 한 뒤 [대]로 발음합니다. 예 décor [대코흐] 장식
E/e	[으]	목젖에 힘을 주고 [으] 소리를 냅니다. 동시에 입술은 약간 둥글게 모아 [으] 발음을 밖으로 내뱉습니다. 예 genou [쥐누] 무릎
F/f	[에프]	입 끝을 미소 짓듯 옆으로 잡아당기세요. 혀는 아래에 두고 영어와 같은 [에프]로 발음하세요. 예 fête [페트] 파티
G/g	[줴]	혀끝을 입안 중간에 띄우세요. 입술을 앞으로 내밀고 [쥬에]로 발음하세요. 들을 때에는 [줴]에 가깝습니다. 예 génie [줴니] 천재
H/h	[아쉬]	입술을 크게 벌리세요. 혀를 아래에 눕히고 [아쉬]로 발음하세요. 예 hache [아쉬] 도끼
I/i	[이]	목젖에 힘을 주세요. 입술을 약간 옆으로 벌린 후 [이]로 발음하세요. 예 Italie [이탈리] 이탈리아

J/j	[지]	목젖에 약간의 힘을 주세요. 입술 모양은 부드럽게 [지]로 발음하세요. 예 jardin [쟈흐당] 정원
K/k	[꺄]	입술을 미소 짓듯 옆으로 잡아당긴 뒤 혀를 아래에 고정시키고 [꺄]로 발음하세요. (프랑스어에서 K는 주로 그리스어에서 유래한 소수 단어 혹은 외래어 단어에만 쓰입니다.) 예 koala [꼬알라] 코알라
L/l	[엘]	혀를 아래 바닥에 부드럽게 눕히세요. 입술의 힘을 빼고 [엘]로 발음합니다. 예 elle [엘르] 그녀
M/m	[엠]	코로 소리를 보내면서 [엠]으로 발음합니다. 예 maison [메종] 집
N/n	[엔느]	코로 소리를 보내면서 [엔느]로 발음합니다. 예 neige [네쥬] (내리는) 눈
O/o	[오]	자연스럽게 입술을 둥글게 말고 짧게 [오]로 발음합니다. 예 poète [뽀에트] 시인
P/p	[뻬]	입술과 혀를 약간 긴장시킨 뒤 [뻬]로 발음합니다. 예 Pérou [뻬후] 페루
Q/q	[뀌]	휘파람 불 듯 입술을 최대한 오므린 뒤 [뀌]로 발음하세요. 예 culotte [뀔로트] 팬티
R/r	[에흐]	혀는 아래 바닥에 눕히세요. [에흐]로 발음하세요. 이때 주의할 점은 목젖에서 최대한 끓는 소리로 [흐] 발음을 해야 한다는 것입니다. 예 mer [메흐] 바다
S/s	[에스]	혀는 아래 바닥에 눕힌 뒤 아주 가볍게 [에스]로 발음합니다. 예 escargot [에스꺄흐고] 달팽이

T/t	[떼]	혀끝을 위 앞니 뒤에 살짝 두세요. [떼]로 발음하세요. 예 télévision [뗄래비지옹] 텔레비전
U/u	[위]	휘파람 불 듯 입술을 최대한 오므리고 그 상태에서 [이] 발음을 내세요. 예 unifome [위니포흐므] 교복
V/v	[베]	입술을 아주 살짝 물면서 [베]로 발음하세요. 프랑스어 알파벳 B 발음과 유사하지만 분명히 다릅니다. 두 발음을 번갈아 가면서 연습하세요. 예 vélo [벨로] 자전거
W/w	[두블르베]	소리를 약간 코로 보내며 [두블르베]로 발음하세요. 예 WC [두블르베세] 화장실의 약자
X/x	[익스]	입술을 약간 미소 짓듯 옆으로 당긴 상태에서 [익스]로 발음하세요. 예 xylophone [그질로폰느] 실로폰
Y/y	[이그헤크]	목젖을 약간 긴장시킨 뒤 혀끝을 아랫니에 단단히 박으세요. 그 상태에서 [이그헤크]로 발음하세요. 예 Yves Montant [이브 몽떵] 프랑스에서 활동한 유명한 배우이자 가수
Z/z	[제드]	코로 소리를 보내면서 [제드]로 발음하세요. 예 zèbre [제브흐] 얼룩말

모음

🎧 MP3 01-03

[a]	[아]	emm의 단어 조합에서 e는 [a]로 발음됩니다. 예 ami [아미] 친구 femme [팜므] 여자
[ɑ]	[아]	위의 [a] 발음과 거의 동일합니다. 예 tasse [따스] 찻잔 âge [아쥐] 나이
[e]	[(닫힌음)애]	차분한 [애] 발음입니다. 예 été [애때] 여름 nez [내] 코
[ɛ]	[(열린음)에]	높은 [에] 발음입니다. 예 neige [네쥬] (내리는) 눈 mère [메흐] 엄마
[i]	[이]	입을 양 옆으로 잡아당기면서 발음합니다. 예 ici [이씨] 여기 type [띠프] 종류
[o]	[오]	'오빠'라고 발음할 때의 '오'처럼 적당히 입술을 모아 발음하세요. 예 chose [쇼즈] (어떤) 것 mot [모] 단어
[ɔ]	[어]	[어]와 [오]의 중간 발음입니다. 입 모양은 넓은 [오] 모양으로 하고 [어] 소리를 내 보세요. 예 homme [옴(엄)므] 남자 robe [호(허)브] 원피스
[u]	[우]	'우산'의 '우'처럼 발음하세요. 예 bijou [비쥬] 보석 jour [쥬흐] 날

[y]	[이(위)]	상당히 까다로운 발음입니다. 입 모양은 아주 좁은 [우] 모양으로 오므리세요. 동시에 입안에서는 모음 [이] 발음을 소리 냅니다. 예) **puce** [쀠스] 벼룩 **bus** [뷔쓰] 버스
[ø]	[으(우)]	마찬가지로 무척 까다로운 발음입니다. 입술 모양은 최대한 좁게 [오] 모양으로 오므리세요. 동시에 매우 긴장된 [으] 발음으로 소리 내세요. 예) **deux** [두] 숫자 2 **bleu** [블루] 파란색
[œ]	[왜]	바로 위 발음과 비슷하지만 약간 다릅니다. 입 모양은 [오] 모양으로 오므리세요. 동시에 입안에서는 [에] 발음을 소리 냅니다. 예) **sœur** [쐐흐] 여자 형제 **cœur** [꽤흐] 심장
[ə]	[으]	목젖 깊은 곳에서부터 소리를 끌어올리면서 [으] 발음하세요. 예) **repas** [흐빠] 식사 **demi** [드미] 절반

비모음

프랑스어 특유의 비음 발음입니다. 콧소리를 충분히 섞어서 발음해 보세요.
비모음은 발음과 철자 구성이 매우 규칙적인 편입니다. 눈여겨보면서 발음을 따라 해 보세요.

🎧 MP3 01-04

[ã]	[엉] am em an en	콧소리를 넣어 [엉] 소리를 냅니다. 예) **enfant** [엉펑] 아이 **France** [프헝스] 프랑스
[ɛ̃]	[앙] im aim eim ym in ain ein yn	혀를 입안 바닥에 두고 콧소리를 충분히 넣으면서 [앙] 소리를 냅니다. 예) **vin** [방] 와인 **pain** [빵] 빵

[ɔ̃]	[옹] om on	콧소리를 넣어 [오] 발음을 합니다. 예 nombre [농브흐] 수 　 bonbon [봉봉] 사탕
[œ̃]	[앙] um un	위의 [앙] 발음과 거의 비슷한 발음입니다. 예 lundi [랑디] 월요일 　 parfum [빠흐팡] 향수

 반모음

🎧 MP3 01-05

[j]	[이-]	목젖 안쪽에서부터 [이-] 소리를 끌어오세요. 예 piano [삐-아노] 피아노 　 pied [삐-에] 발
[ij]	[이-으]	목젖 안쪽에서부터 [이으-] 소리를 끌어오세요. 예 famille [파미으] 가족 　 fille [피이으] 소녀
[il]	[일르]	위의 두 발음 [ij]와 [il]의 경우 철자 조합은 같으나 발음이 살짝 다르므로 사용되는 단어 위주로 발음에 익숙해지도록 합니다. 예 ville [빌르] 도시 　 mille [밀르] (숫자) 천
[ɥ]	[위]	철자 [u+모음]의 조합으로 이루어진 발음입니다. [y] 발음을 아주 짧게 내뱉으면서 따라오는 모음을 길게 발음합니다. 예 huit [위이-트] (숫자) 8 　 nuage [뉘아-쥬] 구름
[w]	[우]	[우] 발음을 짧게 소리 내면서 따라오는 모음 발음과 연결해서 읽는 발음입니다. 예 moi [무오아] 나 　 soir [수우와흐] 저녁

Jour 02
인사 표현 익히기

MP3와 강의를 들어 보세요

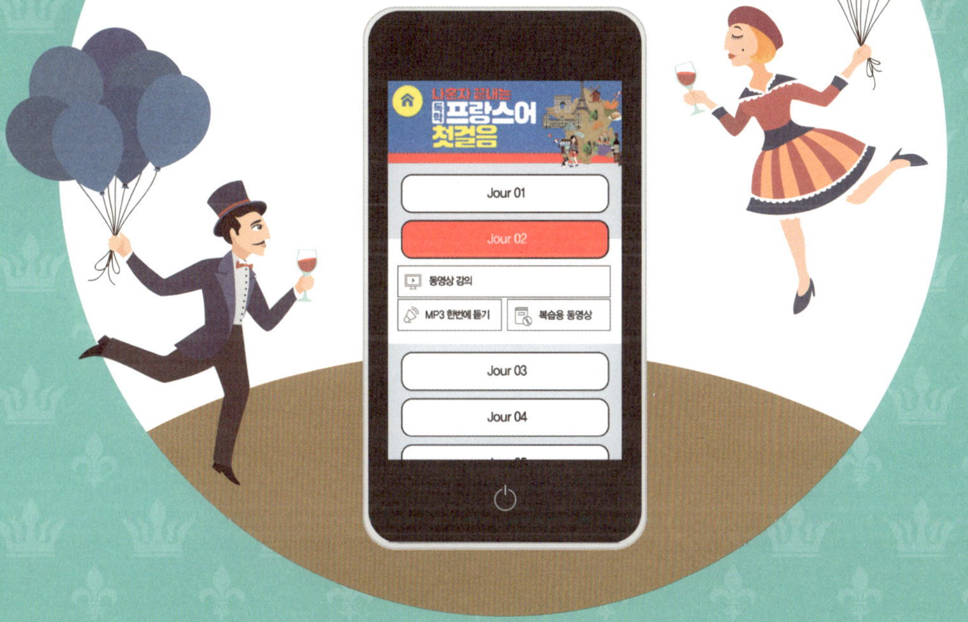

공부 순서 | 동영상 강의  → 본책  → 복습용 동영상

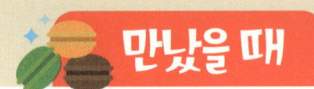 만났을 때

해가 떠있는 시간

🎧 MP3 02-01

Bonjour! (봉쥬흐) 안녕하세요!

Tip [흐] 발음을 들릴 듯 말 듯 가볍게 하세요.

저녁 시간

🎧 MP3 02-02

Bonsoir! (봉수아흐) 안녕하세요.

Tip 마찬가지로 [흐] 발음을 들릴 듯 말 듯 가볍게 하세요.

가까운 사이일 때

🎧 MP3 02-03

Salut! (쌀뤼) 안녕!

Tip 친구나 가까운 동료 사이에서뿐만 아니라 (조)부모님이나 학교 선배처럼 나이가 더 많은 사람일지라도 가까운 사이에서 나눌 수 있는 친근한 인사입니다.

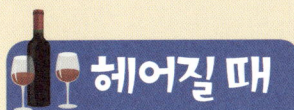 헤어질 때

Tip 가까운 사이일 땐 **toi aussi** [투아 오씨], 격식을 차리는 관계일 땐 **vous aussi** [부 오씨/부 조씨(연음)]라고 대답합니다.

Tip 시간대와 관계없이 헤어지는 인사로는 **Au revoir !** [오 흐보아흐] (또 만나요!)가 있습니다. 젊은 사람들 사이에서는 영어 인사인 **Bye**(잘 가)가 점점 보편적인 인사로 친구들이나 회사 동료 사이에서 사용되고 있습니다.

안부를 물어볼때

Tip 만났을 때 안부 인사로 사용할 뿐만 아니라 하루 중에도 여러 번 주고받는, 상대방의 존재를 의식하고 있다는 표시를 나타내는 매너 표현입니다. 프랑스 문화를 엿볼 수 있는 재미있는 안부 인사입니다.

💙 감사할 때

🎧 MP3 02-07

Je vous en prie !
[쥐 부 정 프히]
천만의 말씀입니다!

Merci !
[메흐씨]
감사합니다!

> **Tip** Je vous en prie [쥐 부 정 프히]는 매우 매너 있고 격식을 차린 대답입니다.

🎧 MP3 02-08

Merci beaucoup !
[메흐씨 보꾸]
정말 고마워!

지나야
스카프 떨어졌어!

Il n'y a pas de quoi !
[일니아 빠 드 쿠아]
별것 아닌걸!

> **Tip** 우스갯소리로 일명 "멸치볶음"이라는 별명을 가지고 있는 인사입니다. 감사한 마음을 강조할 때 사용합니다.
> Il n'y a pas de quoi [일니아 빠 드 쿠아]는 자신이 베푼 친절을 겸손하게 낮출 때 사용할 수 있는 표현입니다.

🎧 MP3 02-09

Merci mille fois !
[메흐씨 밀 푸아]
대단히 감사합니다!

De rien !
[드 히앙]
천만에요!

> **Tip** mille fois [밀 푸아]는 1000번이라는 뜻입니다. 직역하면 "1000배만큼이나 고마워요"라는 의미로 감사한 마음을 가득 담아서 표현하고 싶을 때 사용할 수 있습니다. De rien [드 히앙]은 감사 표현에 대한 가장 일반적인 대답입니다.

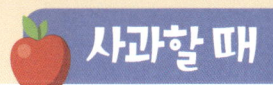 사과할 때

Tip 의도치 않게 가벼운 결례를 범하게 되었을 때 자연스럽게 내뱉는 표현입니다. 실수로 상대방의 몸이나 물건을 건드리게 되는 상황처럼 가볍게 일어나는 실수일 때 상대방 역시 Pardon ! [빠흐동]이라고 받아치면 됩니다.

Tip 화자가 남성일 때는 **désolé** [대졸래], 여성일 때는 **désolée** [대졸래]라고 쓰고 발음은 차이가 없습니다. **Ce n'est rien !** [쓰 네 히앙]은 "아무것도 아닙니다. 그러니까 신경 쓰지 마세요."라는 뉘앙스를 가지는 매너 있는 대답입니다.

Tip **C'est pas grave** [쎄 빠 그하브]는 ce n'est pas grave [쓰 네 빠 그하브]를 줄여서 사용하는 회화 표현입니다. 가장 많이 쓰이는 사과에 대한 매너의 대답입니다.

식사할 때

Tip Bon appétit ! [보 나빼티] 대신 Merci à toi aussi ! [메흐씨 투아 오씨] (고마워 너도!)라고 대답해도 됩니다.

잠자리에 들 때

Tip 가장 보편적으로 많이 사용하는 잠자리 인사입니다.

축하할 때

Tip 가까운 사이일 때 C'est génial ! [쎄 제니알] (멋진걸!)이라고 말하기도 합니다. 놀람과 축하의 감정을 동시에 표현할 수 있습니다.

 격려하기

> Merci beaucoup !
> 정말 감사해요!

> Bon courage !
> 수고해!

Tip 격려의 표현 Bon courage ! [봉 쿠하쥬] (수고해!, 용기 내!)도 일상적으로 많이 사용합니다.

행운 빌어주기

> Bonne chance !
> 행운을 빈다!

> Merci beaucoup !
> 정말 감사해요!

Tip Bonne chance ! [본 셩쓰] 는 행운을 빌어 주는 표현입니다.

생일 축하하기

> Bon anniversaire !
> 생일 축하합니다!

> Merci beaucoup !
> 매우 감사합니다!

Tip 생일 축하 인사로 가장 많이 사용됩니다. 축하의 마음을 담아 밝고 큰 목소리로 따라 해 보세요.

Day 03

Je m'appelle Paul.
내 이름은 폴이야.

___월 ___일

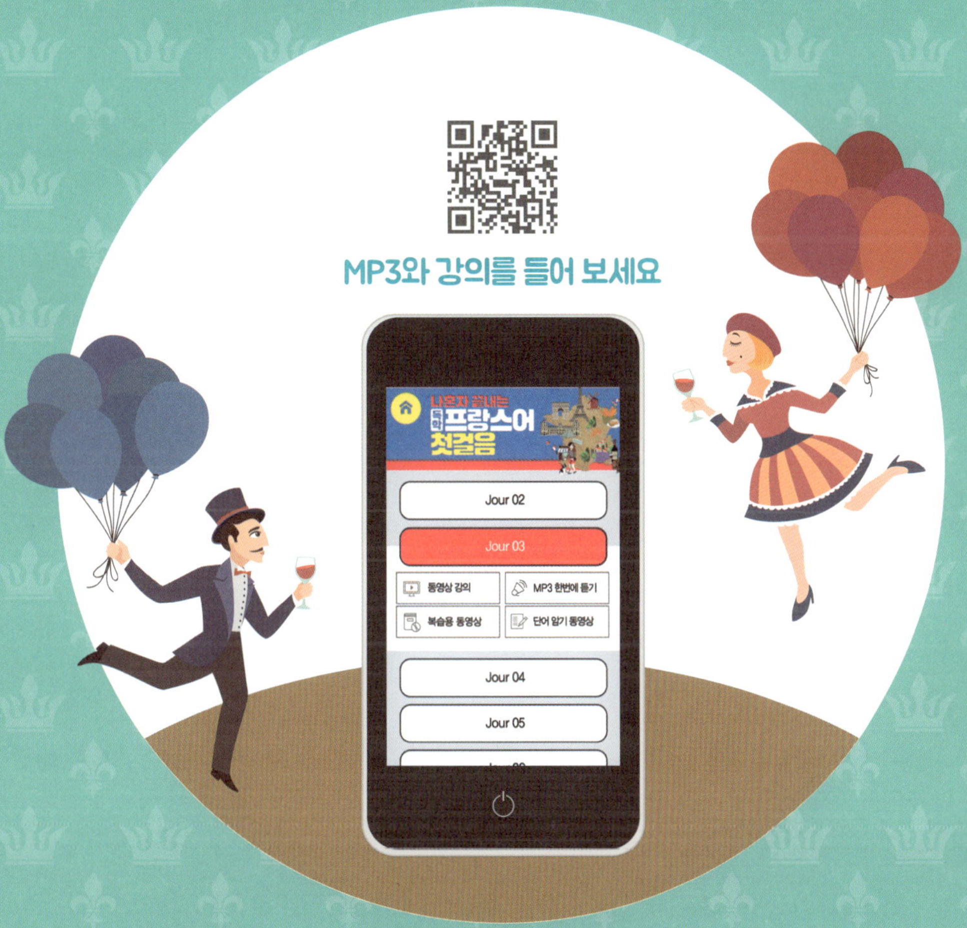

MP3와 강의를 들어 보세요

핵심 문장 익히기

🎧 MP3 03-01 들어 보기   🎙 MP3 03-02 회화 훈련

1

직   마   뻴   뽈
Je m'appelle Paul.
내 이름은 폴이야.

★ 인칭대명사

프랑스어에서 주어로 사용하는 인칭대명사는 아래와 같습니다. 영어의 I, you, he, she 등에 해당하는 대명사입니다.

| 단수 | Je [즈]
Tu [튀]
Il [일]
Elle [엘르] | 나는
너는
그는
그녀는 | 복수 | Nous [누]
Vous [부]
Ils [일]
Elles [엘르] | 우리는
너희들(당신, 당신들)은
그들은
그녀들은 |

☕ 모음 축약
대명사와 모음으로 시작하는 동사가 만나면 모음을 축약합니다.
예) Je me appelle Paul.
→ Je m'appelle Paul.

★ 동사 변화

동사는 주어에 맞게 변형시켜야 하는데 이를 '동사 활용'이라고 부릅니다. 각 인칭에 맞게 동사의 어미를 활용합니다. 동사의 종류로는 자동사, 타동사와 더불어 대명동사가 있습니다. 대명동사는 주어와 동일한 인칭의 목적격 대명사를 언제나 동사 앞에 동반합니다. '대명사 + 동사'의 형태입니다.

예) Je m'appelle Paul. 내 이름은 폴이야.
➡ 주어가 '나는'일 때 항상 대명사 **me**를 동반

Tu t'appelles Paul ! 네 이름은 폴이구나!
➡ 주어가 '너는'일 때 항상 대명사 **te**를 동반

🎨 단어
je m'appelle ~
(내) 이름은 ~이다
je 나는
tu 너는
il 그는
elle 그녀는
nous 우리는
vous 너희들(당신, 당신들)
ils 그들은
elles 그녀들은
tu t'appelles ~
(너의) 이름은 ~이다
comment 어떻게

공부한 내용을 확인해 보세요!

❶ _____ m'appelle Anne.   내 이름은 안느야.

❷ _____ t'appelles comment ?   네 이름은 뭐니?

 정답
① Je ② Tu

2

🎧 MP3 03-03 들어 보기   🎤 MP3 03-04 회화 훈련

　　　　　직　　쉬　　　코해앙
A　Je suis coréen.　나는 한국인이야. (남자)

　　　　모아　　직　　쉬　　　프헝쎄
B　Moi, je suis français.　난 말야, 나는 프랑스인이야. (남자)

★ être 동사 변화: ~이다

être는 사람, 사물의 존재를 나타내는 동사입니다. 영어의 be동사와 같은 역할을 합니다. 프랑스어는 주어에 따라 항상 동사의 형태가 변화합니다. être 동사 뒤에 자신의 국적을 나타내는 표현을 넣으면 '나는 ~ 나라 사람이다'라는 문장이 완성됩니다.

단수	Je suis ~ [직 쉬] Tu es ~ [튀 에] Il/Elle est ~ [일 레/엘 레]	나는 ~이다 너는 ~이다 그/그녀는 ~이다
복수	Nous sommes ~ [누 썸므] Vous êtes ~ [부 제뜨] Ils/Elles sont ~ [일 쏭/엘 쏭]	우리는 ~이다 너희들(당신, 당신들)은 ~이다 그들/그녀들은 ~이다

예) Je suis coréen. 나는 한국인이야.
　　Tu es français. 너는 프랑스인이구나.

★ 강세 인칭대명사

주어로만 사용 가능한 주어 인칭대명사 je, tu, vous 등과는 달리 독립적으로 사용 가능한 인칭대명사입니다. moi(나), toi(너), vous(당신(들))이 있습니다. 참고 225쪽

예) A: J'aime Séoul ! Et vous ? 나는 서울을 사랑해요! 당신은요?
　　B: Moi aussi, j'aime Séoul ! 나도 서울을 사랑해요!
　　toi et moi 너와 나

공부한 내용을 확인해 보세요!

❶ Je _____ coréen.　나는 한국인이야.

❷ Tu _____ japonais.　너는 일본인이구나.

☕ 왕초보 탈출 팁

프랑스 단어는 대부분 남성, 여성으로 성수를 구분합니다. 따라서 주어에 맞추어 성수의 형태가 변화합니다.

예) 한국인
　　coréen [코해앙]
　　한국인 여
　　coréenne [코헤엔느]
　　프랑스인 남
　　français [프헝쎄]
　　프랑스인 여
　　française [프헝쎄즈]

🎨 단어

je suis ~ 나는 ~이다
coréen 한국인
moi 나
français 프랑스인
toi 너
vous 너희들(당신, 당신들)
j'aime 나는 ~을 사랑한다
Séoul 서울
et 그리고
moi aussi 나도, 나 역시
japonais 일본인

정답
① suis　② es

Day 03 Je m'appelle Paul. 37

핵심 문장 익히기

3

🎧 MP3 03-05 들어 보기　🎤 MP3 03-06 회화 훈련

A Ça va ? （싸 바） 지낼 만해?

B Ça va bien, merci ! Et toi ? （싸 바 비앙 메흐씨 애 투아） 잘 지내! 고마워! 너는?

★ 안부 묻고 대답하기

Ça va는 프랑스에서 하루 일과를 보내면서 가장 많이 주고받는 안부 인사입니다. Ça va ?라고 억양을 올려 물으면 '괜찮아?' 혹은 '지낼 만해?'라는 의미의 질문이 되고, Ça va.라고 억양을 내려서 말하면 '괜찮아' 혹은 '지낼 만해'라는 대답이 될 수 있습니다. Ça va 뒤에 bien(잘)이나 très bien(매우 잘)이라는 표현을 첨가하면 뜻이 더욱 강조됩니다.

예) **A:** Ça va ? / Ça va bien ?　지낼 만하니? / 잘 지내니?
　　B: Ça va bien.　잘 지내.
　　A: Ça va très bien ?　매우 잘 지내니?
　　B: Ça va très bien.　매우 잘 지내.

★ 되물을 때 사용하는 표현

et는 '그리고'라는 의미입니다. 그 뒤에 인칭대명사를 넣어서 물으면 되묻는 표현이 됩니다.

예) Je suis coréen. Et toi ?　나는 한국인이야. 너는?
　　Je suis japonais. Et vous ?　나는 일본인입니다. 당신은요?

 Merci ! (고마워!)

상대의 호의에 대한 감사의 인사를 할 때에는 Merci !라고 표현합니다. 자주 사용하는 표현이니 꼭 알아두세요.

 왕초보 탈출 팁

bien이나 très bien 대신 mal이나 très mal를 넣으면 잘 못 지낸다는 표현이 됩니다.

예) Ça va mal ?
　　잘 지내지 못하니?
　　Ça va très mal.
　　매우 잘 지내지 못해.

단어

ça va ? 잘 지내?, 괜찮아?
bien 잘
merci 고마워
et toi ? 너는?
très bien 매우 잘
mal 나쁘게

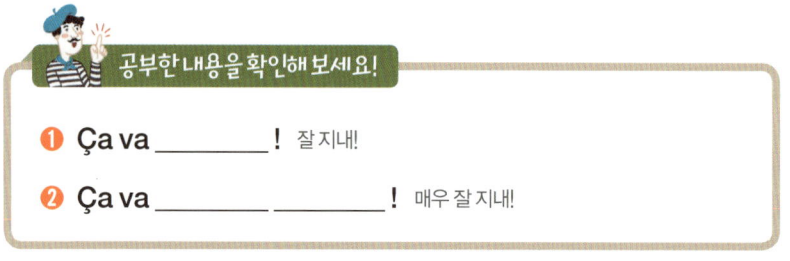

① Ça va _____ !　잘 지내!
② Ça va _____ _____ !　매우 잘 지내!

 정답
① bien　② très bien

나라 이름

🎧 MP3 03-07

[랄마뉘]
l'Allemagne
독일

[레재타쥐니]
les États-Unis
미국

[렁글르테흐]
l'Angleterre
영국

[르자뽕]
le Japon
일본

[라쒼느]
la Chine
중국

[리딸리]
l'Italie
이탈리아

[르캬나다]
le Canada
캐나다

[라코해]
la Corée
한국

[라쉬이쓰]
la Suisse
스위스

Day 03 Je m'appelle Paul. 39

도전! 실전 회화

🎧 MP3 03-08 들어 보기   🎤 MP3 03-09 회화 훈련

쥐 마 뻴   뽈   애 투아
Je m'appelle Paul. Et toi ?

쥐 마 뻴   지나
Je m'appelle Jina.
쥐   쉬   코해엔느   애 투아
Je suis coréenne. Et toi ?❶

모아 쥐 쉬   프헝쎄
Moi, je suis français.
싸 바
Ça va ?

싸 바 비앙   메흐씨   애 투아
Ça va bien ! Merci ! Et toi ?❷

싸 바 트헤 비앙 메흐씨
Ça va très bien ! Merci !

다음 표현을 프랑스어로 적어 보세요

❶ 잘 지내? _____

❷ 매우 잘 지내! _____

❸ 고마워! _____

정답 ① Ça va ?   ② Ça va très bien !   ③ Merci !

폴	내 이름은 폴이야. 너는?
지나	내 이름은 지나야.
	나는 한국인이야. 너는?
폴	난 말야, 나는 프랑스인이야.
	잘 지내니?
지나	잘 지내! 고마워! 너는?
폴	매우 잘 지내! 고마워!

단어

je m'appelle ~ 내 이름은 ~이다
coréenne 한국인 (여) (**coréen** 남)
ça va ? 잘 지내?, 괜찮아?
très bien 매우 잘

et toi ? 너는?
moi 나
bien 잘

je suis ~ 나는 ~이다
français 프랑스인 (남) (**française** 여)
merci 고마워

실력확인연습문제

1 빈칸에 들어갈 말을 적고, 소리 내어 말해 보세요.

1. A: Je _____ Anne. 내 이름은 안느야.

   B: Tu _____ Alex ? 네 이름이 알렉스니?

2. A: Je suis _____ . 나는 프랑스인이야. (남자)

   Et _____ ? 너는?

   B: Moi, je suis _____ . 난 말야. 나는 한국인이야. (남자)

3. A: Ça va _____ ? 잘 지내니?

   B: Ça va _____ _____ ! Merci ! 매우 잘 지내! 고마워!

2 빈칸에 들어갈 알맞은 말을 고르세요.

1. Vous _____ coréen ? 당신은 한국 사람인가요?

   ① suis   ② es   ③ êtes   ④ sont

2. Je _____ canadien. 저는 캐나다 사람입니다.

   ① es   ② suis   ③ est   ④ sommes

3. Tu _____ coréenne ! 너는 한국 사람이구나!

   ① es   ② suis   ③ sommes   ④ est

정답
1 1. m'appelle / t'appelles   2. français / toi / coréen   3. bien / très / bien
2 1. ③   2. ②   3. ①

만났을 때 볼에 키스하기

프랑스 영화 속에서 흔히 볼 수 있는 프랑스식 인사법입니다. 프랑스어로는 Bisou[비쥬]라고 하는데 어원은 라틴어 Basium(입맞춤)에서 왔습니다. 서로 만났을 때 존경과 애정의 표시로써, 두 사람이 양 볼을 비스듬하게 맞대고 키스하는 인사법입니다. 지역에 따라 볼에 키스하는 횟수가 다르며, 볼에 직접 키스하기도 하고 입으로 쪽 소리만 내면서 키스 흉내만 내기도 합니다. 횟수의 차이점을 살펴보자면, 남쪽 지방은 3번, 북쪽 지방은 대체로 2번씩 하는 경향이 있습니다. 심지어 Bretagne[브흐타뉴] 경우 무려 4번이나 키스합니다. 재미있는 것은 젊은 세대들의 경우 볼 키스 인사법을 이용하여 그들만의 방식으로 좋아하는 사람에게 수줍게 신호를 던지기도 합니다. 또한 사회적 지위가 높으면 볼 키스를 할 때 매우 예의를 갖추는 경향이 있습니다. 친근한 관계일 경우 상대의 어깨에 손을 얹고 볼 키스를 합니다.

Jour 04
J'habite à Paris.
나는 파리에 살고 있어.

월   일

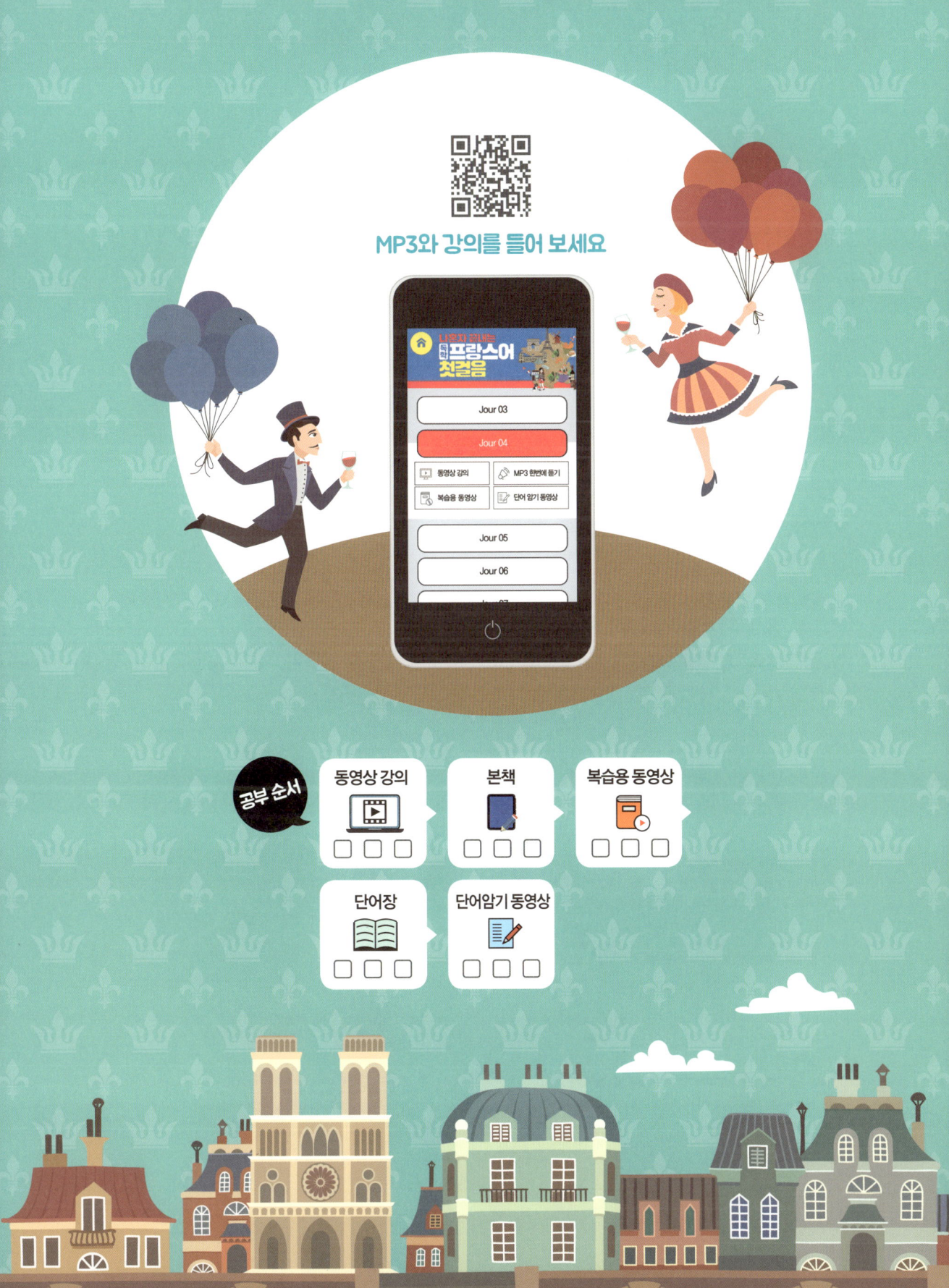

핵심 문장 익히기

🎧 MP3 04-01 들어 보기   🎤 MP3 04-02 회화 훈련

1

쟈비트   아   빠히
J'habite à Paris.
나는 파리에 살고 있어.

⭐ 1군 동사 habiter: 살다

프랑스어에는 1군, 2군, 3군 세 종류의 동사가 있습니다. 1군은 규칙동사이며 전체 동사의 90% 이상을 차지합니다. 또한 1군 동사의 원형은 모두 동일한 어미 -er의 형태입니다. '~에 살다'라는 뜻을 가지고 있는 1군 동사 habiter는 규칙동사입니다. 주어에 맞게 아래와 같이 바꿔서 활용해야 합니다. 참고 237쪽

단수	J'habite à ~	나는 ~에 살고 있다
	Tu habites à ~	너는 ~에 살고 있다
	Il/Elle habite à ~	그/그녀는 ~에 살고 있다
복수	Nous habitons à ~	우리는 ~에 살고 있다
	Vous habitez à ~	너희들(당신, 당신들)은 ~에 살고 있다
	Ils/Elles habitent à ~	그들/그녀들은 ~에 살고 있다

⭐ 전치사 à: ~에

à는 '~에'라는 뜻을 가지고 있습니다. habiter 동사 뒤에 와서 '~에 살고 있다'라는 의미가 됩니다. 참고 229쪽

예) J'habite à Séoul. 나는 서울에 살아.
　　Tu habites à Lyon? 너는 리옹에 사니?
　　Nous habitons à Tokyo. 우리는 도쿄에 살아.

🎨 **단어**

habiter 살다
à ~에
Paris 파리
Séoul 서울
Lyon 리옹
Tokyo 도쿄

 공부한 내용을 확인해 보세요!

❶ J'_____ à Séoul. 나는 서울에 살아.

❷ Vous _____ à Paris? 당신(들)은 파리에 사나요?

정답
① habite ② habitez

🎧 MP3 04-03 들어 보기   🎤 MP3 04-04 회화 훈련

2

A **J'aime Paris.** 나는 파리를 좋아해.
   잼 빠히

B **Moi aussi, j'aime Paris.** 나도 파리를 좋아해.
   모아 오씨 잼   빠히

★ 1군 동사 aimer: 좋아하다

1군 동사인 aimer는 '좋아하다', '사랑하다'라는 뜻을 가지고 있습니다. habiter 동사와 마찬가지로 1군 규칙동사입니다. 재미있게도 문장 내에서 동사만 사용하면 '사랑한다'라는 뜻이 됩니다. 반면에 뒤에 '참'이나 '많이'라는 수식어가 붙으면 오히려 '좋아하다'라는 뜻으로, 좀 더 가벼운 감정 표현이 됩니다. 237쪽

단수	J'aime ~	나는 ~을 좋아한다
	Tu aimes ~	너는 ~을 좋아힌다
	Il/Elle aime ~	그/그녀는 ~을 좋아한다
복수	Nous aimons ~	우리는 ~을 좋아한다
	Vous aimez ~	너희들(당신, 당신들)은 ~을 좋아한다
	Ils/Elles aiment ~	그들/그녀들은 ~을 좋아한다

예) J'aime Paris. 나는 파리를 사랑해.
    J'aime bien Paris. 나는 파리를 참 좋아해.
    J'aime beaucoup Paris. 나는 파리를 매우 좋아해.

★ 동의 표현하기

'나도', '너도'와 같이 동의를 표현할 때에는 강세 인칭대명사와 함께 aussi(~도 역시)를 덧붙입니다.

예) Moi aussi! 나도 그래!
    Toi aussi? 너도 그래?

☕ liker (좋아하다)

프랑스어에서는 영어처럼 love (사랑하다)와 like(좋아하다)를 따로 구분하는 동사가 없습니다. 최근 프랑스 젊은이들은 '좋아하다'의 의미로 영어의 like에 1군 동사원형 어미 -er를 붙여서 동사 liker [라이캐]를 사용하기도 합니다.

 단어

aimer 좋아하다, 사랑하다
moi 나
aussi 또한, 역시
bien 참, 잘
beaucoup 매우, 많이
toi 너

핵심 문장 익히기

3

🎧 MP3 04-05 들어 보기　🎤 MP3 04-06 회화 훈련

직　　빠흘르　　엉글래
Je parle anglais !　나는 영어를 해요!

부　　　빠흘래　　비앙　　엉글래　　　오씨
Vous parlez bien anglais aussi ?
당신도 영어를 잘해요?(구사할 수 있어요?)

⭐ 1군 동사 parler: (언어를) 말하다, 구사하다

'(언어를) 말하다', '구사하다'라는 뜻을 가진 동사 parler 역시 1군 규칙동사입니다. 뒤에 언어 이름을 쓰면 '나는 ~ (언어)를 말할 수 있다'라는 뜻이 됩니다. 각 나라 형용사 남성형이 그 나라의 언어를 의미합니다. 참고 237쪽

단수	Je parle ~	나는 ~를 말한다
	Tu parles ~	너는 ~를 말한다
	Il/Elle parle ~	그/그녀는 ~를 말한다
복수	Nous parlons ~	우리는 ~를 말한다
	Vous parlez ~	너희들(당신, 당신들)은 ~를 말한다
	Ils/Elles parlent ~	그들/그녀들은 ~를 말한다

예 Je parle français. 나는 프랑스어를 말합니다.

⭐ 정도를 나타내는 부사

정도를 나타내는 부사에는 bien(잘)과 très bien(매우 잘)이 있습니다.

예 Nous parlons bien chinois aussi ! 우리도 중국어를 잘해!
　 Il parle très bien chinois. 그는 중국어를 매우 잘해.

 단어

parler (언어를) 말하다, 구사하다
anglais 영어 (남)
français 프랑스어 (남)
très bien 매우 잘
chinois 중국어 (남)

 공부한 내용을 확인해 보세요!

❶ Je _____ français !　나는 프랑스어를 해!
❷ Nous _____ bien anglais.　우리는 영어를 잘합니다.

 정답
① parle　② parlons

대표적인 1군 동사

🎧 MP3 04-07

[애쿠태]
écouter
듣다

[흐갸흐대]
regarder
보다

[마흐쒜]
marcher
걷다

[멍좨]
manger
먹다

[트하바이애]
travailler
일하다

[도내]
donner
주다

[애튀디애]
étudier
공부하다

[셩때]
chanter
노래하다

[위틸리재]
utiliser
사용하다

 Tip utiliser [위틸리재]의 "U-[위]" 발음은 한국어로 정확하게 표기하기가 어렵습니다. 녹음 파일을 반복해서 들어 보세요.

도전! 실전 회화

🎧 MP3 04-08 들어 보기   🎤 MP3 04-09 회화 훈련

Paul: 쟈 비뜨 아 새울 애 투아
J'habite à Séoul. Et toi ?

Jina: 쟈 비트 아 빠히
J'habite à Paris.

Paul: 잼 보꾸 빠히
J'aime beaucoup Paris !

Jina: 모아 오씨 잼 빠히
Moi aussi, j'aime Paris.

Paul: 튀 빠홀르 비앙 프헝쎄
Tu parles bien français ?

Jina: 위 쥐 빠홀르 트헤 비앙 프헝쎄
Oui, je parle très bien français.
쥐 빠홀르 트헤 비앙 꼬헤앙 오씨
Je parle très bien coréen aussi !

다음 표현을 프랑스어로 적어 보세요

① 나는 서울에 살아. _____

② 나는 파리를 사랑해. _____

③ 너는 프랑스어를 잘 말하니? _____

정답 ① J'habite à Séoul. ② J'aime Paris. ③ Tu parles bien français ?

폴	나는 서울에 살아. 너는?
지나	나는 파리에 살아.
폴	나는 파리를 매우 좋아해!
지나	나도 파리를 사랑해.
폴	너는 프랑스어를 잘하니?
지나	응, 나는 프랑스어를 매우 잘해. 나는 한국어도 잘해!

단어

habiter 살다	à ~에	Séoul 서울
et toi ? 너는?	Paris 파리	aimer 사랑하다
beaucoup 많이	moi aussi 나도, 나 역시	parler 말하다, 구사하다
bien 참, 잘	français 프랑스어 (남)	oui 긍정에 대한 대답 (↔Non)
très bien 매우 잘	coréen 한국어 (남)	

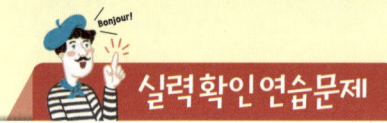

1 빈칸에 들어갈 말을 적고, 소리 내어 말해 보세요.

1. A: J'_____ à Paris. 나는 파리에 살아.

   B: Tu _____ à Paris aussi ? 너도 파리에 사니?

2. A: Vous _____ Séoul ? 당신은 서울을 좋아합니까?

   B: Oui, et _____ ? 네, 당신은요?

   A: Moi aussi, j'_____ beaucoup Séoul !
   네, 저도 서울을 매우 좋아합니다.

3. A: Tu _____ anglais ? 너는 영어를 하니?

   B: Non, je _____ coréen. 아니, 나는 한국어를 해.

2 빈칸에 들어갈 알맞은 말을 고르세요.

1. Vous _____ à Tokyo ? 당신은 도쿄에 삽니까?

   ① parlez   ② êtes   ③ habitez   ④ aimez

2. J' _____ Paris. 나는 파리를 사랑해요.

   ① aime   ② aimes   ③ aimez   ④ aiment

3. Tu _____ chinois ! 너는 중국어를 하는구나!

   ① parle   ② parlons   ③ parles   ④ parlez

정답 **1** 1. habite / habites 2. aimez / vous aime 3. parles / parle   **2** 1. ③ 2. ① 3. ③

지방 사람들에게 보여지는 파리지앵의 모습

파리에서 태어나고 자란 프랑스인을 파리지앵(parisien)이라 부르지요? 세련된 맵시로 날렵하게 파리 한복판을 동분서주하는 그들의 발걸음에서 특유의 멋이 묻어납니다. 파리에는 이민자의 자녀가 많아 다양한 피부색의 파리지앵들이 있지만, 그들에게는 공통된 특징이 있습니다. 바로 특유의 파리 악센트입니다. 분절 분절 끊으면서 또렷하게 발음하는 경향이 있습니다. 따라서 지방 사람들 눈에는 파리 사람들이 다소 거만해 보일 수 있습니다. 파리지앵들은 '끼리끼리' 어울리며 '사납고', '무례한' 도시인이라는 편견이 있습니다. 일명 'masque[마스크]'를 쓰고 인간관계를 맺는다고 생각하고 다소 '방어적인 사람들'이라는 이미지가 있습니다. 어제 만난 브흐타뉴 출신의 한 친구가 마침 말합니다. "파리지앵은 모르면서 얼마나 아는 척을 하는지! 흥!" 사실, 어느 나라를 가든지 지방 사람들과 대도시 사람들 간의 관심(호기심)과 편견이 있지 않을까요?

Jour 05

Je suis salarié.
나는 회사원이야.

월　　　일

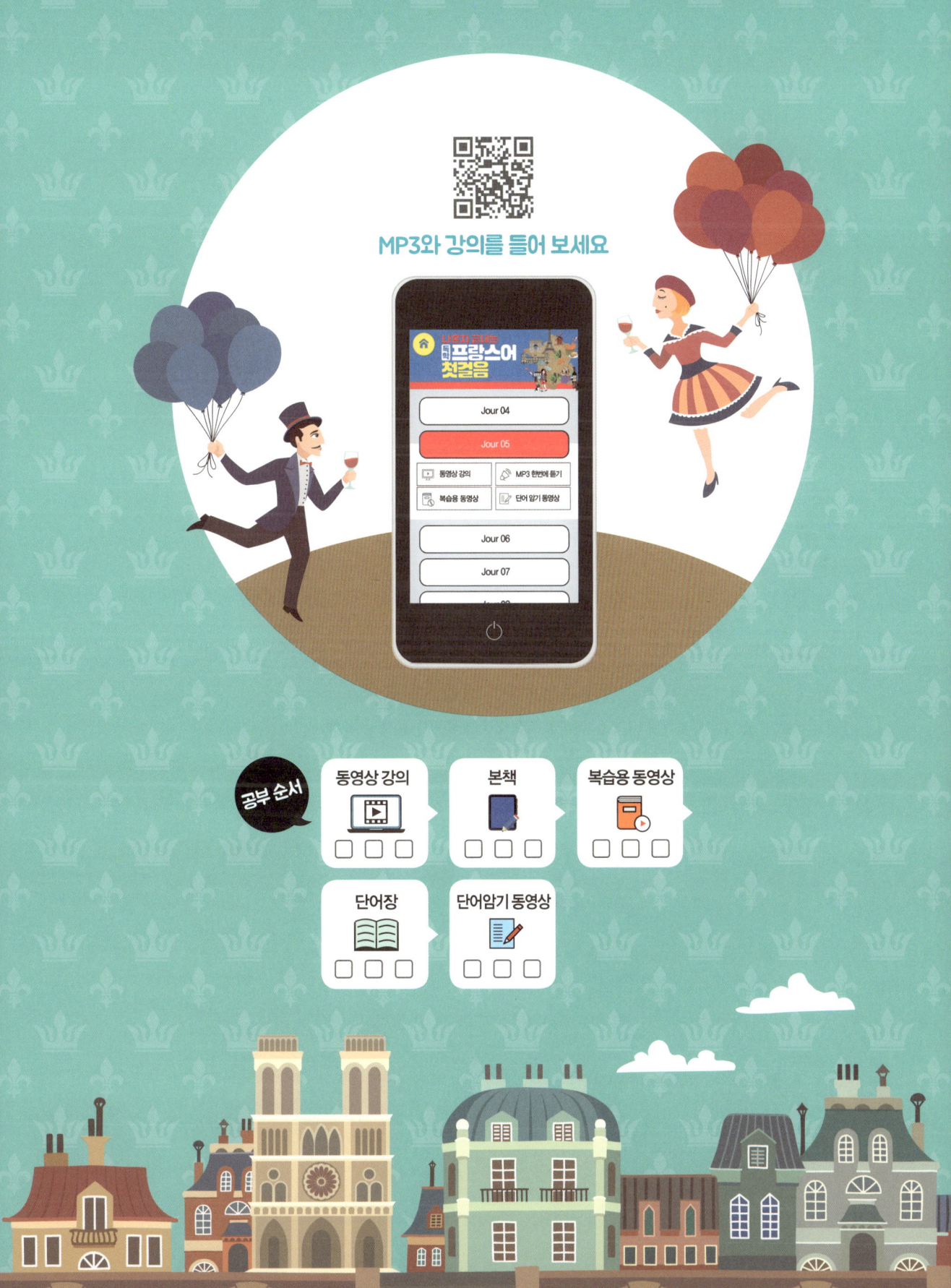

핵심 문장 익히기

1

🎧 MP3 05-01 들어 보기   🎤 MP3 05-02 회화 훈련

직   쉬   쌀라히애
Je suis salarié.

나는 회사원이야. (남자)

★ 직업 나타내기

영어의 be동사에 해당하는 être 동사 뒤에는 주로 형용사와 명사가 옵니다. 'être + 직업 이름'을 적어 주면 자신의 직업을 나타낼 수 있습니다. être 동사 뒤에 직업을 나타내는 명사가 올 경우 관사를 생략하는데, 이는 명사를 형용사로 취급하기 때문입니다.

예) A: Elle est étudiante. 그녀는 학생이야.
    B: Il est étudiant aussi ? 그도 학생이니?
    A: Non, il est salarié. 아니, 그는 직장인이야.

★ 명사의 성과 수

프랑스어 명사는 남성과 여성, 그리고 단수와 복수를 구분합니다. 지시하는 대상에 맞게 항상 성과 수를 일치시켜야 합니다. 남성에서 여성으로 바뀔 때 발음의 변화를 주의하세요. 복수일 때는 발음의 변화가 없습니다. 참고 221쪽

예) étudiant [애튀디엉] 남학생   étudiante [애튀디엉트] 여학생
    étudiants [애튀디엉] 남학생들   étudiantes [애튀디엉트] 여학생들

 부정관사

영어의 a/an처럼 프랑스어에서도 명사 앞에 부정관사를 씁니다. 셀 수 있는, 그리고 특정한 것을 지시하지 않는 명사 앞에 쓰죠. un은 남성 단수에, une는 여성 단수에, des는 남성과 여성 복수에 씁니다.

예) un étudiant 남학생
    une étudiante 여학생
    des étudiants 학생들
참고 220쪽

 단어

je suis 나는 ~이다
salarié 회사원 (남)
salariée 회사원 (여)
elle est 그녀는 ~이다
il est 그는 ~이다
étudiante 학생 (여)
étudiant 학생 (남)
aussi 또한
non 아니오

 공부한 내용을 확인해 보세요!

❶ Je suis _____. 저는 직장인입니다. (여자)

❷ Il est _____ ? 그는 학생입니까?

 정답
① salariée ② étudiant

🎧 MP3 05-03 들어 보기   🎤 MP3 05-04 회화 훈련

2

지 쉬 정티
Je suis gentil. 나는 친절해. (남자)

메 직 느 쉬 빠 쏘씨아블
Mais je ne suis pas sociable.
하지만 사교적이지는 않아.

★ 사람의 성품을 나타내는 형용사 gentil: 친절한

gentil는 '친절한'이라는 뜻의 형용사입니다. 남성형이 여성형이 될 때의 발음 변화 ([정티]→[정티의])에 주의하세요. 또한 이 단어 역시 복수일 때 발음의 변화가 없습니다. 대체로 단어 끝에 단독으로 오는 자음은 발음되지 않습니다. gentil처럼 사람의 성품을 나타내는 형용사는 지시하는 대상에 따라 성과 수를 반드시 일치시켜야 합니다.

단수 주어	Je	나는	남 gentil / 여 gentille
	Tu	너는	남 gentil / 여 gentille
	Il	그는	남 gentil
	Elle	그녀는	여 gentille

복수 주어	Nous	우리는	남 gentils / 여 gentilles
	Vous	당신 / 당신들/너희들	남 gentil / 여 gentille / 남 gentils / 여 gentilles
	Ils	그들은	남 gentils
	Elles	그녀들은	여 gentilles

☕ **mais(그러나, 하지만)**
영어의 but(그러나)와 같이 대립을 나타내는 표현 앞에는 mais를 써서 연결합니다.

★ 부정문 만들기: ne + 동사 + pas

동사 앞뒤로 ne pas를 삽입하면 부정문이 됩니다. ne 다음에 모음으로 시작하는 단어가 오면 n'의 형태로 축약해야 합니다.

예 Il n'est pas sincère. 그는 솔직하지 않아.

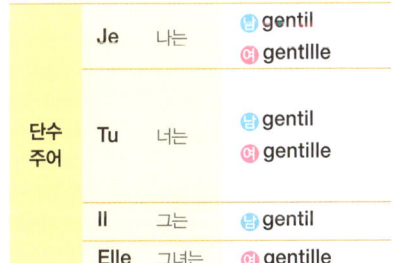

공부한 내용을 확인해 보세요!

❶ Il est _____. 그는 친절해.

❷ Nous _____ sommes _____ sociables. 우리는 사교적이지 않아.

🎨 **단어**
gentil 친절한 남
gentille 친절한 여
mais 하지만
ne pas ~가 아니다
sociable 사교적인
sincère 솔직한

정답
① gentil ② ne / pas

Jour 05 Je suis salarié. 57

핵심 문장 익히기

🎧 MP3 05-05 들어 보기   🎤 MP3 05-06 회화 훈련

3

엘   레   벨   애   쁘티뜨
A **Elle est belle et petite !** 그녀는 아름답고 자그만하구나!

위   엘   레   오씨   트헤   미뇨느
B **Oui, elle est aussi très mignonne !**
맞아, 그녀는 매우 귀엽기도 해!

★ 상태를 나타내는 형용사

사람의 성품을 나타내는 형용사와 마찬가지로, 상태를 나타내는 형용사도 지시하는 대상에 따라 성과 수를 반드시 일치시켜야 합니다. 사람을 묘사할 때 자주 쓰이는 형용사들을 살펴볼까요? 참고 223쪽

사람을 묘사하는 형용사

뜻	남성 단수	여성 단수	남성 복수	여성 복수
큰	grand [그헝]	grande [그헝드]	grands [그헝]	grandes [그헝드]
작은	petit [쁘티]	petite [쁘티뜨]	petits [쁘티]	petites [쁘티뜨]
잘생긴	beau [보]	belle [벨]	beaux [보]	belles [벨]
귀여운	mignon [미뇽]	mignonne [미뇨느]	mignons [미뇽]	mignonnes [미뇨느]
뚱뚱한	gros [그호]	grosse [그호쓰]	gros [그호]	grosses [그호쓰]
날씬한	mince [망쓰]	mince [망쓰]	minces [망쓰]	minces [망쓰]
못생긴	moche [모쒸]	moche [모쒸]	moches [모쒸]	moches [모쒸]
매력적인	charmant [샤흐멍]	charmante [샤흐멍트]	charmants [샤흐멍]	charmantes [샤흐멍트]

☕ 형용사 강조 부사

très: 매우 ~한
trop: 너무 ~한

예) Tu es très charmant.
    너는 매우 매력적이다.
    Vous êtes trop gros.
    당신은 너무 뚱뚱합니다.

🎨 단어

beau 잘생긴 남
belle 아름다운 여
et 그리고
petit 작은 남
petite 작은 여
oui 맞아
très 매우 ~한
mignon 귀여운 남
mignonne 귀여운 여
trop 너무 ~한
charmant 매력적인 남
charmante 매력적인 여

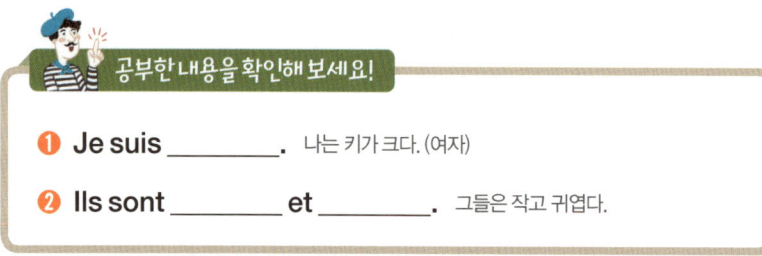

공부한 내용을 확인해 보세요!

❶ Je suis _____. 나는 키가 크다. (여자)

❷ Ils sont _____ et _____. 그들은 작고 귀엽다.

정답
① grande ② petits / mignons

장점을 나타내는 형용사

뜻	남성 단수	여성 단수	남성 복수	여성 복수
개방적인	ouvert [우베흐]	ouverte [우베흐뜨]	ouverts [우베흐]	ouvertes [우베흐뜨]
포용력 있는	tolérant [똘래헝]	tolérante [똘래헝뜨]	tolérants [똘래헝]	tolérantes [똘래헝뜨]
활동적인	actif [악티프]	active [악티브]	actifs [악티프]	actives [악티브]
사려 깊은	attentif [아떵티프]	attentive [아떵티브]	attentifs [아떵티프]	attentives [아떵티브]
정직한	honnête [오네뜨]	honnête [오네뜨]	honnêtes [오네뜨]	honnêtes [오네뜨]
솔직한	sincère [쌍세흐]	sincère [쌍세흐]	sincères [쌍세흐]	sincères [쌍세흐]
진지한	sérieux [쌔히우]	sérieuse [쌔히우즈]	sérieux [쌔히우]	sérieuses [쌔히우즈]

단점을 나타내는 형용사

뜻	남성 단수	여성 단수	남성 복수	여성 복수
못된	méchant [매썽]	méchante [매썽트]	méchants [매썽]	méchantes [매썽트]
폐쇄적인	fermé [페흐매]	fermée [페흐매]	fermés [페흐매]	fermées [페흐매]
편협한	intolérant [앙똘래헝]	intolérante [앙똘래헝뜨]	intolérents [앙똘래헝]	intolérantes [앙똘래헝뜨]
부정직한	malhonnête [말오네뜨]	malhonnête [말오네뜨]	malhonnêtes [말오네뜨]	malhonnêtes [말오네뜨]
주의 깊지 못한	inattentif [이나떵티프]	inattentive [이나떵티브]	inattentifs [이나떵티프]	inattentives [이나떵티브]
위선적인	hypocrite [이포크히뜨]	hypocrite [이포크히뜨]	hypocrites [이포크히뜨]	hypocrites [이포크히뜨]
가혹한	sévère [쌔베흐]	sévère [쌔베흐]	sévères [쌔베흐]	sévères [쌔베흐]

도전! 실전 회화

🎧 MP3 05-07 들어 보기 🎤 MP3 05-08 회화 훈련

즈 쉬 쌀라히애
Je suis salariée.

튀 에 오씨 쌀라히애
Tu es aussi salarié ?

농 즈 느 쉬 빠 쌀라히애
Non, je ne suis pas salarié.
즈 쉬 재튀디엉
Je suis étudiant.
지나 튀 에 벨 애 쁘띠뜨
Jina, tu es belle et petite.

메흐씨 튀 에 오씨 졍티 에 트헤 싸흐멍
Merci. Tu es aussi gentil et très charmant.

메흐씨 보쿠 투아 오씨 튀 에 졍티으
Merci beaucoup ! Toi aussi, tu es gentille !

다음 표현을 프랑스어로 적어 보세요

① 난 학생이야. (본인이 여자일 때) _____

② 넌 친절하고 매우 아름답구나. (여자에게) _____

③ 너도 매력적이야! (남자에게) _____

정답 ① Je suis étudiante.   ② Tu es gentille et très belle.   ③ Toi aussi, tu es charmant !

지나   나는 직장인이야.
　　　　　너도 직장인이니?
폴 　　　 아니, 난 직장인이 아니야.
　　　　　난 학생이야.
　　　　　지나야, 넌 아름답고 자그만하구나.
지나 　　 고마워. 너도 친절하고 매우 매력적이야.
폴 　　　 정말 고마워! 너도 친절해!

단어

je suis 나는 ~이다	**salarié** 직장인 (남) (salariée 여)	**tu es** 너는 ~이다
aussi 또한	**non** 아니	**ne pas** ~가 아니다
étudiant(e) 학생	**petit** 작은 (남) (petite 여)	**et** 그리고
belle 아름다운 (여) (beau 남)	**merci** 고마워	**gentil** 친절한 (남) (gentille 여)
très 매우 ~한	**charmant** 매력적인 (남) (charmante 여)	**beaucoup** 많이

Jour 05 Je suis salarié.

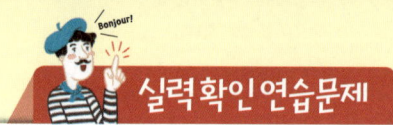

실력확인연습문제

1 빈칸에 들어갈 말을 적고, 소리 내어 말해 보세요.

1. A: **Je suis** _____ . 나는 직장인(남)이야.

   Tu es _____ ? 너는 학생(여)이니?

2. A: **Il est** _____ ? 그는 친절하니?

   B: **Oui, il est** _____ **et** _____ . 응, 그는 친절하고 사려 깊어.

   Mais il n'est pas _____ . 하지만 그는 솔직하지는 않아.

3. A: **Tu es** _____ ! 너(여)는 아름답구나!

   B: **Merci. Tu es aussi** _____ . 고마워, 너(남)도 매력적이야.

2 제시 단어들을 순서대로 배열해서 문장을 만들어 보세요.

1. 나는 직장인이야. (남자) [suis / salarié / je]

   → _____

2. 너는 아름답고 자그만하구나. [es / petite / belle / et / tu]

   → _____

3. 그는 친절하지 않아. [n'est / il / gentil / pas]

   → _____

정답

1 1. salarié / étudiante 2. gentil / gentil / attentif / sincère 3. belle / charmant
2 1. Je suis salarié. 2. Tu es belle et petite. 3. Il n'est pas gentil.

일상적인 에티켓

예의범절의 유의어인 '에티켓(étiquette)'이 프랑스어라는 것을 알고 계셨나요? 프랑스는 상대를 배려하는 공공 예의범절이 멋스럽게 발달한 나라입니다. 그중 하나는 공공장소에서 문을 열고 닫을 때, 반드시 따라오는 뒷사람이 있는지 확인한다는 것입니다. 대부분은 뒤에서 문을 향해 걸어오는 사람이 있다면 약간 먼 거리일지라도 문을 잡고 기다립니다. "감사합니다."라는 인사에 대부분은 "천만에요."라고 답하면서 미소를 짓습니다. 게다가 젊은 여자를 비롯, 노약자가 무거운 짐을 들고 계단을 올라가고 있는 모습을 보고 지나치는 프랑스 신사는 없답니다. 여행 중에 이와 같이 사려 깊은 프랑스식 에티켓을 접한다면 프랑스에 대한 애정이 배가될 것임에 틀림없습니다.

Jour 06
Qu'est-ce que c'est ?
이것은 무엇이니?

월   일

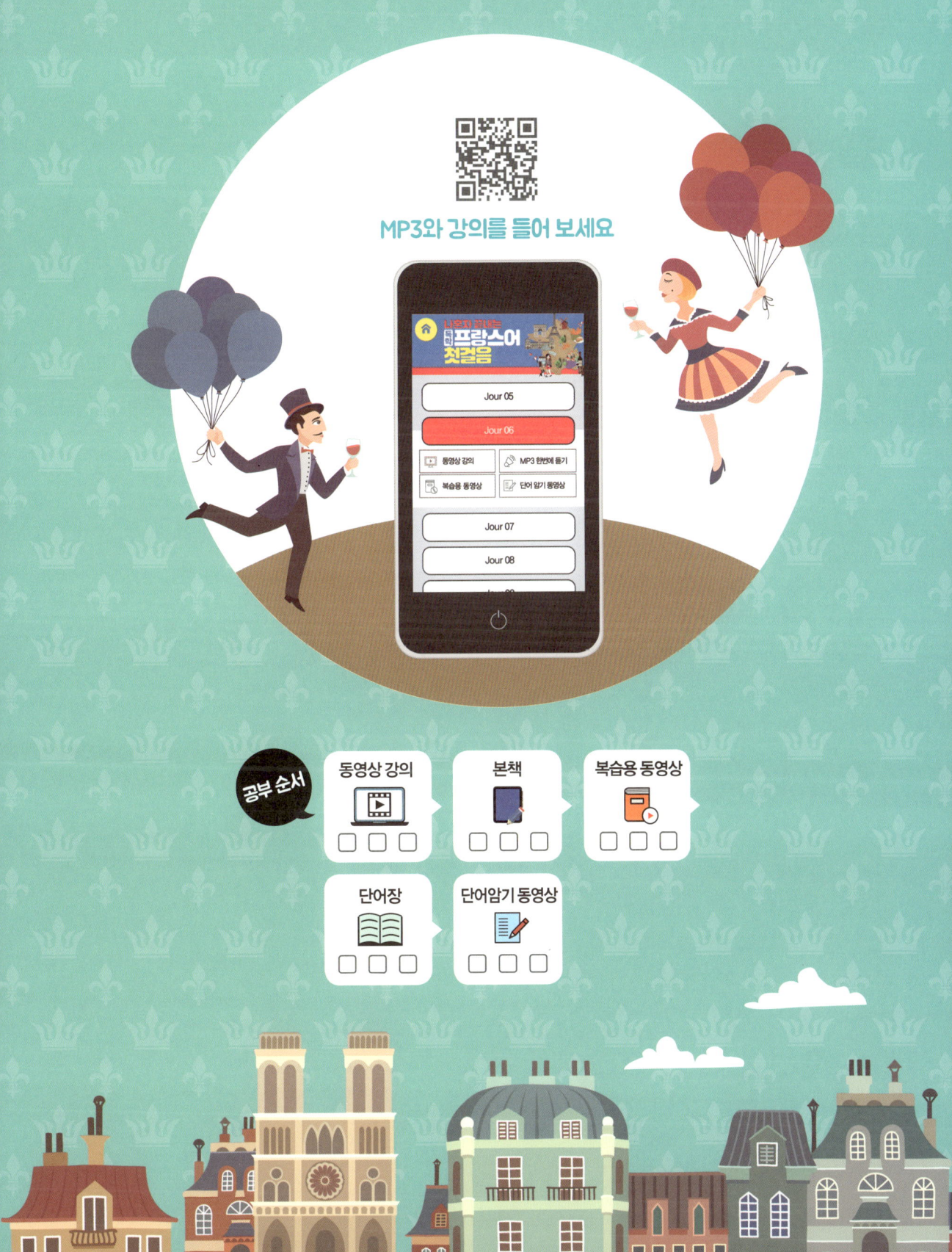

핵심 문장 익히기

1

🎧 MP3 06-01 들어 보기   🎙 MP3 06-02 회화 훈련

Qu'est-ce que c'est ?
이것은 무엇이니?

★ Qu'est-ce que ~ ?: 무엇~?

Que는 '무엇'을 의미하는 의문대명사입니다. '의문사(Que) + est-ce que + 주어 + 동사'의 어순으로 질문하면 '~는 무엇입니까?'라는 의미의 의문문이 됩니다. 이때 Que와 est-ce que는 축약되어 Qu'est-ce que로 쓰입니다. C'est는 ce(이것) 와 est(être 동사의 3인칭 단수형)가 축약된 것입니다. 참고 227쪽

예) **Qu'est-ce que** c'est ? 이것은 무엇이니?
    Qu'est-ce que tu aimes ? 너는 무엇을 좋아하니?

★ C'est + 사물 명사: 이것은 ~야

무엇인지를 묻는 질문에 '이것은 ~야'라고 대답하고 싶을 땐 'C'est + 명사'를 써서 표현하면 됩니다.

예) A: Qu'est-ce que c'est ? 이것은 무엇이니?
    B: **C'est** un livre. 이것은 책이야.
       C'est un T-shirt. 티셔츠야.

☕ 의문문 만들기

정식으로 의문문을 만들 때에는 주어와 동사를 도치해야 합니다. 하지만 est-ce que를 사용하면 '주어 + 동사' 순으로 의문문을 좀 더 편하게 만들 수 있습니다.

예) Es-tu coréen ?
    너는 한국인이니? (남자)
    → **Est-ce que** tu es coréen ?

☕ 왕초보 탈출 팁

ce는 '이것', '이 사람'이라는 뜻의 지시대명사입니다.

🎨 단어

qu'est-ce que c'est ?
  이것은 무엇이니?
ce 이것, 이 사람
c'est 이 사람[이것]은 ~이다
aimer 좋아하다
un 부정관사 (남성 단수 명사 앞에)
  참고 220쪽
livre 책
T-shirt 티셔츠
coréen 한국인

공부한 내용을 확인해 보세요!

❶ _____ c'est ? 이것은 무엇이니?

❷ _____ un livre. 이것은 책이야.

 정답
① Qu'est-ce que ② C'est

2

🎧 **MP3 06-03** 들어 보기　🎙 **MP3 06-04** 회화 훈련

A C'est une bande dessinée.
이것은 만화책이야.

B C'est intéressant ?　재미있어?

★ C'est + 사람 명사: 이 사람은 ~야

Ce는 사람이나 사물을 지시합니다. C'est 뒤에 사람을 나타내는 명사를 쓰면 자신의 이름을 말하거나 다른 사람의 이름을 소개하는 표현이 됩니다. 226쪽

예) C'est Paul. 폴이야.

★ C'est + 형용사: 이것은 ~해

C'est 뒤에는 사람[사물] 명사 외에 형용사가 오기도 합니다. '이것은 재미있어'와 같이 뒤에 형용사가 오는 경우에는 일반적으로 Ce를 형식적 주어로 취급하기 때문에 형용사는 항상 남성 단수형이 옵니다.

예) C'est intéressant ?　재미있어?
　　C'est génial !　기막히게 멋진걸!

☕ ne pas 부정문

앞서 배웠듯이 부정문을 만들 때에는 동사의 앞과 뒤에 ne와 pas를 넣습니다.

예) C'est une bande dessinée.
이것은 만화책이야.
→ Ce n'est pas une bande dessinée. [부정문]
이것은 만화책이 아니야.

🎨 단어

une 부정관사 (여성 단수 명사 앞에)
bande dessinée
만화, 만화책
intéressant 재미있는
(intéressante)
génial 멋진, 기막힌
(géniale)
ne pas ~가 아니다

공부한 내용을 확인해 보세요!

❶ _____ Anne.　이 사람은 안느야.

❷ C'est _____ !　멋진걸!

 정답
① C'est　② génial

Jour 06 Qu'est-ce que c'est ? **67**

핵심 문장 익히기

🎧 MP3 06-05 들어 보기   🎤 MP3 06-06 회화 훈련

3

> A **Ce sont des gâteaux français.**
> 프랑스 과자들이야.
>
> B **C'est bon !** 맛있다!

★ Ce sont + 복수 명사: 이것들은 ~야

C'est(이것은 ~야)의 복수형은 Ce sont입니다. 원칙적으로 지시하는 명사가 복수일 땐 Ce sont를 써야 하지만 일상 회화에서는 단수와 복수에 상관없이 C'est를 사용하는 경향이 있습니다.

예) [원칙] Ce sont des gâteaux. 과자들이야.
    [일상 회화] C'est des gâteaux. 과자야. (복수의 의미)

★ C'est bon: 맛있다

앞에서 C'est 뒤에는 사람[사물] 명사 외에도 형용사가 오기도 한다는 것을 배웠습니다. bon(ne)은 '좋은'이라는 뜻뿐만 아니라 '맛있는'이라는 뜻으로도 통합니다. 현지에서는 C'est bon.이라고 하면 '이것은 좋다'라는 의미보다 '이것은 맛있다'라고 해석되는 편입니다.

예) C'est bon ! 맛있다!
    Ce n'est pas très bon. 그렇게 맛있지는 않아.
    (n'est = ne + est)

☕ 복수형 만들기

명사나 형용사의 복수형을 만들 때 대체로 단수형에 -s를 덧붙이지만, 예외적으로 -x를 붙이는 경우가 있어요. -al/-eau로 끝나는 명사나 형용사는 복수형을 만들 때 -aux/-eaux로 바뀌는 경향이 있습니다.

예) un pain → des pain**s**
    빵 하나 → 빵 몇 개 (일반적 복수형)
    un journal → des journ**aux**
    신문 한 부 → 신문 몇 부
    original → origin**aux**
    독창적인
    [참고] 223~224쪽

🎨 단어

ce sont ~ 이것들은 ~이다
des 몇몇의 (부정관사의 복수)
gâteau 과자 (남)
français 프랑스의 (남)
 (française 여)
bon 맛있는 (남) (bonne 여)
très 매우, 꽤
pain 빵 (남)
journal 신문 (남)
original 독창적인 (남)
 (originale 여)

❶ Ce sont des _____ français. 프랑스 빵들이야.
❷ C'est _____ ! 맛있다!

정답) ① pains ② bon

일상생활 기초 단어

🎧 MP3 06-07

[앙 노흐디나퇴흐]
un ordinateur
컴퓨터

[앙 베흐]
un verre
컵

[윈 쁠렁트]
une plante
식물

[앙 뽀흐따블]
un portable
휴대폰

[앙 꺄이애]
un cahier
노트

[앙 꺄드흐]
un cadre
액자

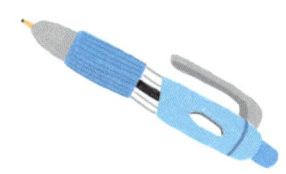

[앙 스틸로]
un stylo
펜

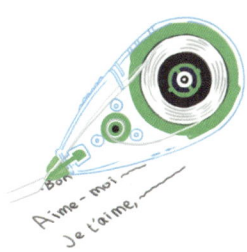

[뒤 블렁코]
du blanco
수정 테이프

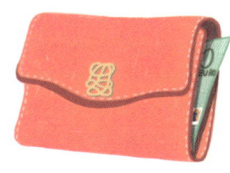

[앙 뽀흐트 푀이으]
un porte-feuille
지갑

Jour 06 Qu'est-ce que c'est ? 69

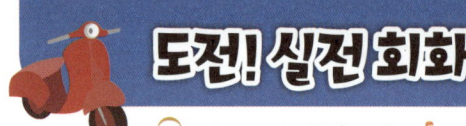

 Qu'est-ce que c'est ?

 C'est une bande dessinée.

 C'est intéressant ?

 Oui, c'est très intéressant !

 Qu'est-ce que c'est ?

 Ce sont des gâteaux français.

 C'est bon ?

 Oui, c'est très bon !

Qu'est-ce que c'est ? 이건 무엇입니까?
영어의 What is this?처럼 일상에서 매우 빈번하게 사용되는 기본 의문문이므로 관용표현처럼 외워 두시는 게 좋습니다.

지나	이것은 무엇이니?
폴	이것은 만화책이야.
지나	재미있어?
폴	응, 매우 재미있어!
지나	이것은 무엇이니?
폴	이것들은 프랑스 과자야.
지나	맛있어?
폴	응, 매우 맛있어!

단어

- **c'est ~** 이것은 ~이다
- **intéressant** 재미있는 남 (intéressante 여)
- **ce sont ~** 이것들은 ~이다
- **français** 프랑스의 남 (française 여)
- **une** 부정관사 (여성 단수 명사 앞)
- **oui** 응
- **des** 몇몇의, 몇 개의 (부정관사의 복수)
- **bon** 맛있는 남 (bonne 여)
- **bande dessinée** 만화, 만화책 여
- **très** 매우, 꽤
- **gâteau** 과자 남

Jour 06 Qu'est-ce que c'est ?

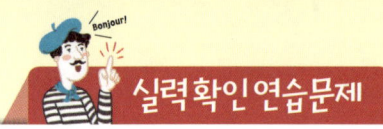

실력확인연습문제

1 빈칸에 들어갈 말을 적고, 소리 내어 말해 보세요.

1 A: _____ c'est ? 이것은 무엇이니?

   B: _____ un livre. 이것은 책이야.

2 A: Ce _____ des bandes dessinées. 이것들은 만화책이야.

   B: C'est _____ ? 재미있어?

3 A: _____ des gâteaux. 과자들이야.

   B: _____ bon ? 맛있어?

   A: Oui, c'est _____ . 응, 너무 맛있어.

2 제시 단어들을 순서대로 배열해서 문장을 만들어 보세요.

1 이것은 무엇이니? [c'est / qu'est-ce que]

   → _____

2 이것은 프랑스 만화책이야. [bande dessinée / française / c'est / une]

   → _____

3 그렇게 맛있는 것은 아니야. [pas / bon / ce / très / n'est]

   → _____

정답
1 1. Qu'est-ce que / C'est 2. sont / intéressant 3. Ce sont / C'est / très bon
2 1. Qu'est-ce que c'est ? 2. C'est une bande dessinée française. 3. Ce n'est pas très bon.

앙굴렘 국제 만화 페스티벌

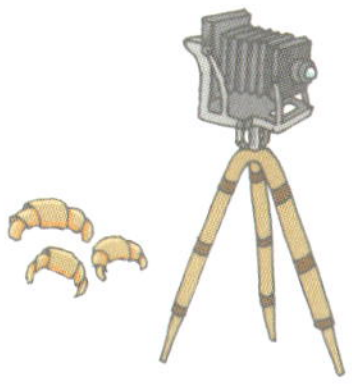

유럽 최고의 만화 축제의 장으로서, 1976년 이래 매년 1월이 되면 전 세계의 만화와 애니메이션 관계자들 및 애호가들이 프랑스 서남부에 위치한 인구 10만 명의 소도시 앙굴렘(Angoulême)으로 콧노래를 부르며 몰려듭니다. 정확히 매년 1월 마지막 주 목요일부터 일요일까지 열리는 이 흥미로운 축제에서, 지난 2017년 1월 한국 작가 앙꼬의 작품 〈나쁜 친구〉가 한국 만화 최초로 '새로운 발견상 (Prix révélation)'을 받는 영광을 누리기도 했습니다. 프랑스에서 만화의 권위는 9번째 예술로서 일찌감치 인정을 받았습니다. 인터넷의 대중화로 한국처럼 프랑스의 만화계 역시 종이만화에서 웹 만화로 매체를 확장하고 있습니다. 프랑스판 〈짱구는 못 말려〉라고 알려진 〈Titeuf [튀뙈프]〉는 현재 한국의 젊은 세대들에게도 알려진 대표적인 프랑스 만화 캐릭터입니다.

Jour 07
Mon chat est blanc.
내 고양이는 하얗다.

월   일

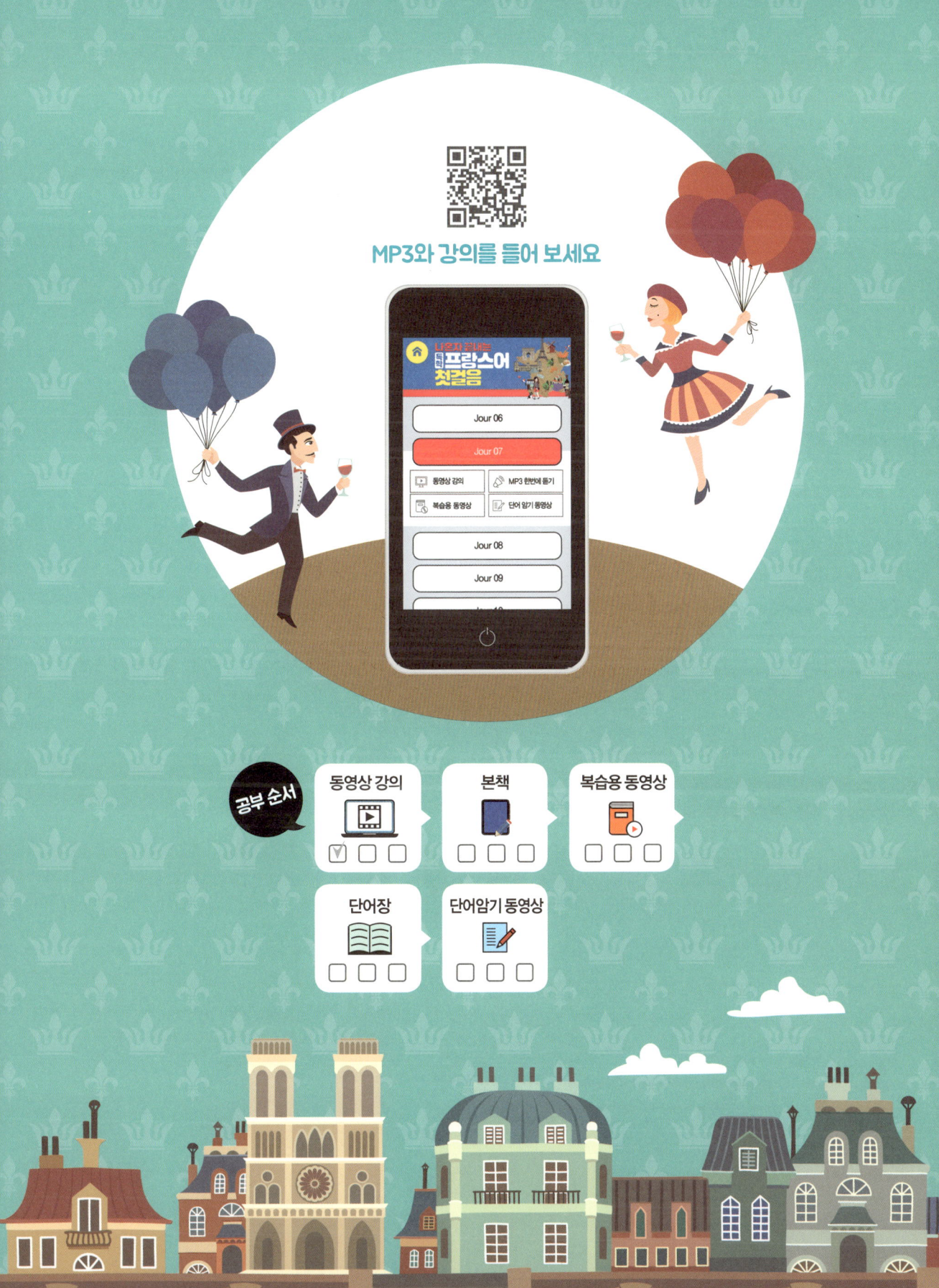

핵심 문장 익히기

1

🎧 MP3 07-01 들어 보기   🎤 MP3 07-02 회화 훈련

Mon chat est blanc.
내 고양이는 흰색이야.

★ 소유 형용사

소유 형용사는 항상 명사 앞에 위치합니다. 그리고 소유를 받는 대상에 성과 수를 일치시켜야 합니다.

	남성 단수	여성 단수	남성/여성 복수
나의	mon	ma	mes
너의	ton	ta	tes
그/그녀의	son	sa	ses
우리의	notre	notre	nos
당신(들)의 / 너희들의	votre	votre	vos
그들의 / 그녀들의	leur	leur	leurs

예) **Mon** fils est beau. 내 아들은 잘생겼다.
    Ma fille est belle. 내 딸은 아름답다.
    Mes enfants ne sont pas gentils. 내 아이들은 친절하지 않다.

☕ 왕초보 탈출 팁

모음이나 무음 h로 시작하는 단수 여성 명사 앞에는 모음 충돌을 피하기 위해서 남성형 소유 형용사를 사용합니다.

예) ~~ma~~ amie → **mon amie** 내 친구
    ~~ta~~ idée → **ton idée** 네 아이디어
    ~~sa~~ émotion → **son émotion** 그(그녀)의 감정

🎨 단어

chat 고양이
blanc 하얀, 흰색의 남
blanche 하얀, 흰색의 여
fils 아들
beau 잘생긴 남
fille 딸
belle 아름다운 여
enfant 아이
ne pas ~가 아니다
gentil 친절한 남
gentille 친절한 여
ami 친구 남
amie 친구 여
idée 아이디어 여
émotion 감정 여

공부한 내용을 확인해 보세요!

❶ _____ chat est beau. 내 고양이는 아름답다.

❷ _____ filles sont belles. 내 딸들은 아름답다.

 정답
① Mon   ② Mes

🎧 MP3 07-03 들어 보기 🎤 MP3 07-04 회화 훈련

2

A Ma voiture est noire. 내 자동차는 검은색이야.
B Ta voiture est très petite et chic ! 네 자동차는 매우 작고 근사하구나!

★ 형용사의 성과 수

문장 내에서 형용사의 성과 수 일치를 항상 유의하세요. 대부분의 형용사가 남성형과 여성형 그리고 단수형과 복수형으로 나누어 명사를 수식합니다. 참고 223쪽

참고 색깔 표현 79쪽

noir의 변화

예) Ton sac est noir. 네 가방은 검은색이구나. 〈남성〉
Ta voiture est noire. 네 차는 검은색이구나. 〈여성〉
Tes pantalons sont noirs. 네 바지들은 검은색이구나. 〈남성 복수〉

petit의 변화

예) Ton appartment est petit. 네 아파트는 작구나. 〈남성〉
Ta chambre est petite. 네 방은 작구나. 〈여성〉
Tes chaises sont petites. 네 의자들은 귀엽구나. 〈여성 복수〉

단어

voiture 자동차 여
noir 검은색의 남
noire 검은색의 여
très 매우
petit 작은 남
petite 작은 여
et 그리고
chic 근사한
sac 가방 남
pantalon 바지 남
appartment 아파트 남
chambre 방 여
chaises 의자 여

공부한 내용을 확인해 보세요!

❶ _____ voiture est blanche. 네 차는 흰색이구나.
❷ Tes sacs sont _____ ? 네 가방들은 검은색이니?

정답
① Ta ② noirs

Jour 07 Mon chat est blanc. **77**

핵심 문장 익히기

3

🎧 MP3 07-05 들어 보기 🎙 MP3 07-06 회화 훈련

A Les chiens de Paul sont là.
저기에 폴의 개들이 있어.

B Ses chiens sont mignons.
그의 개들은 귀엽구나.

★ 정관사 le, la, les

프랑스어 관사에는 부정관사, 정관사, 부분관사가 있습니다. 정관사는 영어의 the에 해당합니다. 주로 특정한 것을 지시하는 명사 앞이나, 분류된 여러 가지 중에서 종류 자체를 총칭할 때 씁니다. 참고 220쪽

남성 단수	le	예 le chien 그 개, (여러 동물 가운데) 개
여성 단수	la	예 la fourmi 그 개미, (여러 곤충 가운데) 개미
남성, 여성 복수	les	예 les chats (한정하는 범위 내의 모든) 고양이들

★ 장소를 나타내는 부사 là

là는 '거기', '저기', '여기' 등 모든 장소를 대신해서 지시할 수 있습니다.

예 A: Il est là ? 그가 여기(거기)에 있니?
　B: Non, il n'est pas là ! 아니, 그는 여기(거기)에 없어!

★ 전치사 de: ~의

전치사 de는 영어의 of에 해당합니다. 명사와 명사 사이에 올 때는 주로 '~의'로 해석되며, 뒤에 오는 명사의 소유를 나타냅니다. 참고 229쪽

예 la chambre de Van Gogh 반 고흐의 방

 왕초보 탈출 팁

관사는 성과 수를 나타낼 뿐 아니라, 동일한 명사일지라도 어떤 관사를 붙이냐에 따라 명사의 역할을 다르게 한정하기도 합니다.

예 un café 커피 한 잔
　le café 그 커피,
　　　　(음료 종류) 커피

 왕초보 탈출 팁

ici(여기)라는 부사가 따로 있긴 하지만 실제 회화에서는 là가 ici의 대용으로도 사용됩니다.

 단어

chien 강아지 남
de ~의
là 거기, 저기, 여기
mignon 귀여운 남
mignonne 귀여운 여
fourmi 개미 여
Van Gogh 반 고흐
chapeau 모자 남
　(chapeaux 복)
café 커피 남

색깔 표현

🎧 MP3 07-07

	흰색(의)	검은색(의)	파란색(의)
형용사 남성형 단수(복수)	blanc(s)	noir(s)	bleu(s)
형용사 여성형 단수(복수)	blanche(s)	noire(s)	bleue(s)
명사형	le blanc	le noir	le bleu

	초록색(의)	보라색(의)	빨간색(의)
형용사 남성형 단수(복수)	vert(s)	violet(s)	rouge(s)
형용사 여성형 단수(복수)	verte(s)	violette(s)	rouge(s)
명사형	le vert	le violet	le rouge

	노란색(의)	*오렌지색(의)	*밤색(의)
형용사 남성형 단수(복수)	jaune(s)	orange	marron
형용사 여성형 단수(복수)	jaune(s)	orange	marron
명사형	le jaune	l'orange	le marron

 ★ 관사와 함께 오면 색깔 명사가 됩니다.
★ 오렌지색과 밤색처럼 명사에서 출발한 색깔 형용사들은 예외적으로 명사의 성수에 따라 형태가 변하지 않습니다.

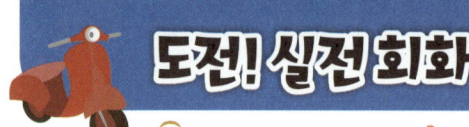

🎧 MP3 07-08 들어 보기   🎤 MP3 07-09 회화 훈련

 Mon❶ chat blanc est là.

 Wow. Ton❷ chat est beau !

 Merci.

 Ma❶ voiture verte est là.

 Oh, ta❷ voiture est chic !

 Merci beaucoup !

 Oh, les❸ chiens d'Alex sont là !

 Ses❹ chiens sont très mignons !

 Oui, ils sont très petits.

① mon은 '나의'라는 뜻으로, 남성 단수 명사 앞과 모음이나 무음 h로 시작하는 여성 단수 명사 앞에 씁니다.
② ton은 '너의'라는 뜻으로, 남성 단수 명사 앞과 모음이나 무음 h로 시작하는 여성 단수 명사 앞에 씁니다.
③ les는 복수 명사 앞에 쓰는 정관사입니다.
④ ses는 '그의', '그녀의'라는 뜻으로, 복수 명사 앞에 씁니다.

지나	내 하얀 고양이가 저기에 있어.
폴	와우. 네 고양이 멋있는걸!
지나	고마워.
폴	내 녹색 자동차가 저기에 있어.
지나	오, 네 차 근사하다!
폴	매우 고마워!
지나	오, 저기에 알렉스의 개들이 있어!
폴	그의 개들은 정말 귀엽다!
지나	응, 개들이 매우 작네.

단어

- **chat** 고양이 (남)
- **beau** 잘생긴, 멋진 (남) (belle 여)
- **chic** 멋진, 근사한
- **très** 매우
- **blanc** 하얀 (남) (blanche 여)
- **voiture** 자동차 (여)
- **chien** 개 (남)
- **mignon** 귀여운 (남) (mignonne 여)
- **là** 저기, 거기, 여기
- **vert** 녹색의 (남) (verte 여)
- **de** ~의
- **petit** 작은 (남) (petite 여)

Jour 07 Mon chat est blanc. 81

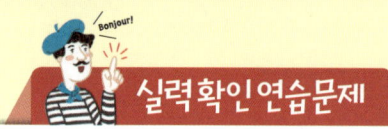

실력확인연습문제

1 빈칸에 들어갈 말을 적고, 소리 내어 말해 보세요.

1. A: _____ chat est là. 내 고양이가 저기에 있어.

   B: Le chat est _____ . 고양이가 하얗네.

2. A: _____ voiture est là. 내 차가 저기에 있어.

   B: La voiture est _____ . 자동차가 하얗네.

3. A: Les chiens _____ mon père sont petits. 내 아버지의 개들은 작아.

   B: Oui, _____ chiens sont mignons. 응, 그의 개들은 귀엽네.

2 제시 단어들을 순서대로 배열해서 문장을 만들어 보세요.

1. 너의 고양이는 아름답구나. [chat / beau / est / ton]

   → _____

2. 내 검은색 차가 저기에 있다. [voiture / ma / est / noire / là]

   → _____

3. 폴의 개들은 귀엽다. [chiens / les / Paul / de / mignons / sont]

   → _____

정답
1 1. Mon / blanc 2. Ma / blanche 3. de / ses
2 1. Ton chat est beau. 2. Ma voiture noire est là. 3. Les chiens de Paul sont mignons.

프랑스의 상징, 수탉

프랑스의 청와대 '엘리제궁'

전통적인 가톨릭 국가인 프랑스에서는 예수의 제자 베드로가 수탉의 울음소리로 사람들의 신앙심을 일깨웠던 성경 일화가 널리 알려져 있습니다. 이 붉은 동물은 '악을 물리치는 빛의 새', '울음으로 태양을 맞이하는 새'라는 강하고 용맹스러운 이미지로 오랜 시간 동안 프랑스 사람들로부터 사랑을 받고 있습니다. 프랑스를 여행하다 보면 성당 종탑 꼭대기에 달린 수탉 모양의 돌 조각이나 쾌활한 표정을 짓고 있는 귀여운 수탉 캐릭터 상품을 상점에서 쉽게 발견할 수 있습니다. 뿐만 아니라 프랑스의 청와대라 할 수 있는 '엘리제궁' 출입문 꼭대기에도 금빛 수탉이 당당하게 날개를 펼치고 관저 문을 지키고 있습니다.

Jour 08

J'ai faim.
배가 고파.

___월 ___일

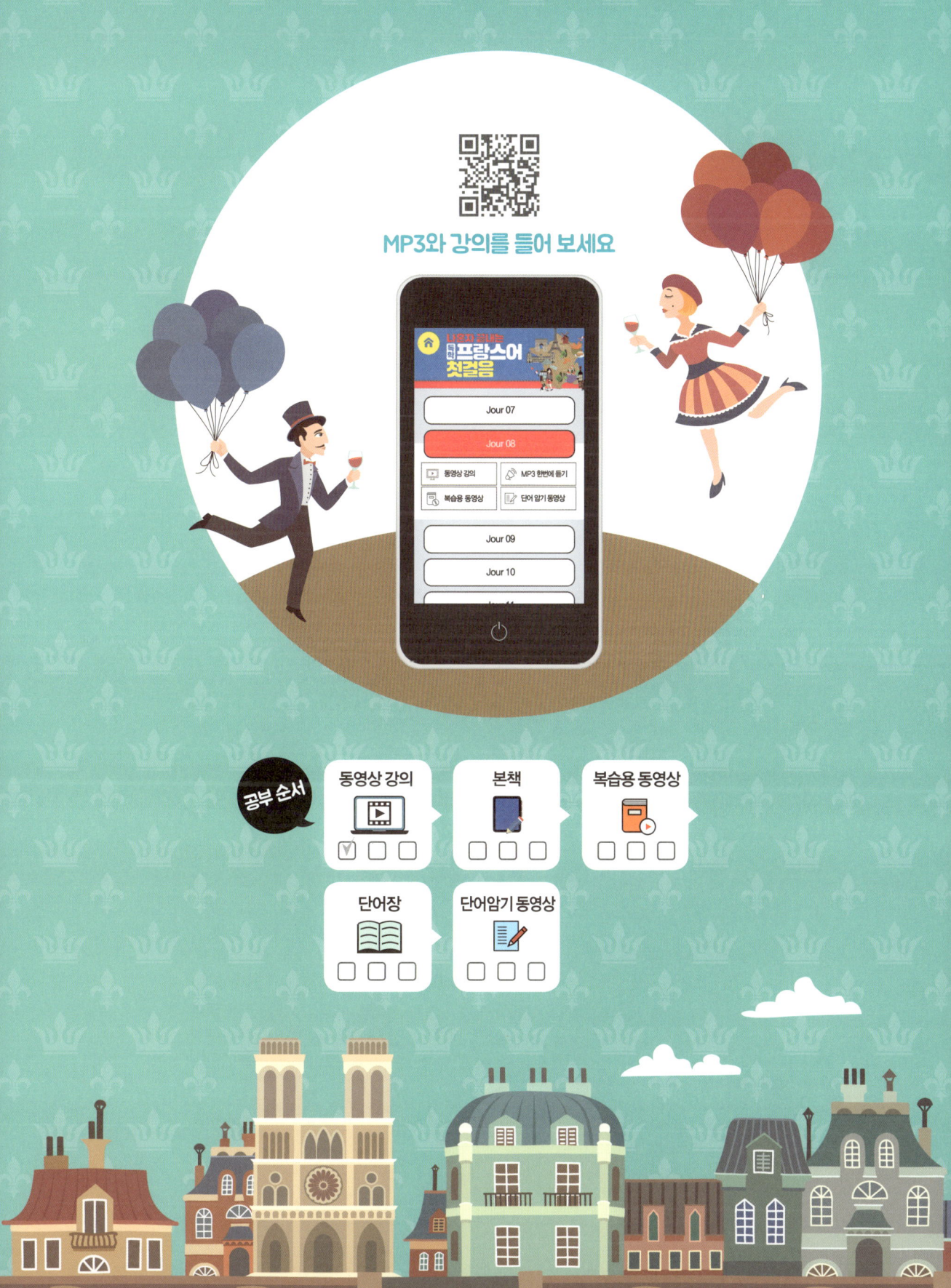

핵심 문장 익히기

🎧 MP3 08-01 들어 보기   🎤 MP3 08-02 회화 훈련

1

J'ai deux pains.   나는 빵 두 개가 있다.

★ 3군 변칙동사 avoir: ~을 가지다

'~을 가지다'라는 뜻의 동사 avoir는 3군 변칙동사입니다. 주어에 맞게 아래처럼 활용해야 합니다. 참고 239쪽

단수	J'ai ~ Tu as ~ Il/Elle a ~	나는 ~을 가지고 있다 너는 ~을 가지고 있다 그/그녀는 ~을 가지고 있다
복수	Nous avons ~ Vous avez ~ Ils/Elles ont ~	우리는 ~을 가지고 있다 너희들(당신, 당신들)은 ~을 가지고 있다 그들/그녀들은 ~을 가지고 있다

예) J'ai un cahier.   나는 노트 한 권을 가지고 있어.
    Tu as trois stylos ?   너 펜 세 개 있니?

★ 부정의 de

동사 avoir가 쓰인 문장을 부정문으로 만들 때 부정관사 un, une, des와 부분관사 du, de la, des는 부정의 de로 바꾸어 줍니다.

예) Vous avez du fromage ?   당신은 치즈가 있나요?
    [부정문] Vous n'avez pas de fromage ?   당신은 치즈가 없나요?

☕ 왕초보 탈출 팁

정관사 le, la, les는 부정문을 만들 때 de로 바꾸어 주지 않습니다.

예) Ils ont l'ordinateur.
    그들은 그 컴퓨터를 가지고 있다.
    → Ils n'ont pas l'ordinateur.
    그들은 그 컴퓨터를 가지고 있지 않다.
    [부정문]

🎨 단어

j'ai ~ 나는 ~을 가지고 있다
avoir ~을 가지다
deux 숫자 2, 2의
pain 빵 명
cahier 노트, 공책 명
trois 숫자 3, 3의
stylo 펜 명
fromage 치즈 명
ne pas ~가 아니다
livre 책 명
ordinateur 컴퓨터 명

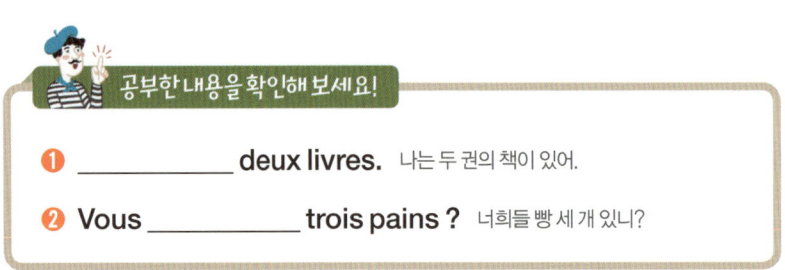

❶ _____ deux livres.   나는 두 권의 책이 있어.
❷ Vous _____ trois pains ?   너희들 빵 세 개 있니?

정답
① J'ai ② avez

2

🎧 MP3 08-03 들어 보기   🎤 MP3 08-04 회화 훈련

> **A** Tu as faim ?   너 배고프니?
> **B** Oui, j'ai faim !   응, 배고파!

★ 부족 · 결핍 표현하기 (관용 표현)

아래와 같이 avoir와 함께 사용되는 몇몇 표현은 부족이나 결핍된 상태를 나타냅니다. 가령 '가지다'라는 뜻의 동사 avoir가 '배고픔'이라는 뜻의 faim과 결합해서 '배고프다'라는 의미를 나타내게 됩니다.

avoir faim 배고프다	예 J'ai faim. 나 배고파.
avoir sommeil 졸리다	예 Tu as sommeil ? 너 졸리니?
avoir soif 목마르다	예 Il a soif. 그는 목마르다.
avoir chaud 덥다	예 Nous avons chaud. 우리는 덥다.
avoir froid 춥다	예 Vous avez froid ? 당신은 추운가요?
avoir peur 무섭다	예 Ils ont peur. 그들은 무서움을 느낀다.

부정문으로 만들 경우에는 ne pas를 사용하면 됩니다.

예 Je n'ai pas faim. 나는 배고프지 않아.
   Nous n'avons pas peur. 우리는 무섭지 않아.

단어
faim 굶주림, 허기 여
sommeil 잠, 수면, 휴식 남
soif 목마름, 갈증 여
chaud 뜨거움, 더위 남
froid 냉기, 한기, 추위 남
peur 공포, 두려움 여

공부한 내용을 확인해 보세요!

❶ J'ai _____. 나는 배가 고파.

❷ Ils ont _____ ? 그들은 춥다고 느끼나요?

정답
① faim ② froid

핵심 문장 익히기

3

🎧 MP3 08-05 들어 보기   🎤 MP3 08-06 회화 훈련

A Tu as mal à la tête ?   너 두통 있니?
B Non, j'ai mal au ventre.   아니, 난 배가 아파.

★ avoir mal à + 관사 + 신체 부위: ~가 아프다

avoir는 '가지고 있다'라는 뜻으로 '고통', '병'을 의미하는 mal과 함께 쓰이면 '아픔을 가지고 있다' 즉, '아프다'라는 의미가 됩니다. 그 뒤에 장소나 위치를 나타내는 전치사 à 뒤에 '관사 + 신체 부위'를 적어 주면 구체적으로 '~가 아프다'라는 의미가 됩니다.

예) J'ai mal aux yeux. 눈이 아파요.
      aux = à + les

Vous avez mal au dos ? 당신은 등이 아픕니까?
              au = à + le

★ 전치사와 정관사의 축약

전치사 à 뒤에 정관사가 이어 나올 경우에, 정관사는 축약 관사 형태로 변하기도 합니다. 형태를 잘 알아 두세요.

전치사 à (~에) +	le (남성 단수)	=	au	예) J'ai mal au visage. 얼굴이 아파요.
	la (여성 단수)		à la	예) J'ai mal à la gorge. 목(인후)이 아파요.
	les (복수)		aux	예) J'ai mal aux pieds. 발이 아파요.

🗨️ 왕초보 탈출 팁

mal과 bien은 명사뿐 아니라 부사로도 빈번하게 사용됩니다.
예) mal 나쁘게 ↔ bien 좋게

🎨 단어

- **mal** 고통, 병 (남)
  (↔ bien 선행, 이익 (남))
- **à** ~에
- **tête** 머리 (여)
- **ventre** 배, 복부 (남)
- **yeux** 눈 (남)(복)
- **œil** 눈 (남)(단)
- **dos** 등 (남)
- **visage** 얼굴 (남)
- **gorge** 목 (여)
- **pied** 발 (남)
- **oreille** 귀 (여)

공부한 내용을 확인해 보세요!

❶ J'ai mal au _____.   나는 배가 아프다.

❷ Elle a mal à la _____ et aux _____.   그녀는 머리와 귀가 아프다.

정답
① ventre ② tête / oreilles

신체 부위

🎧 MP3 08-07

신체 부위에는 항상 정관사를 사용합니다.

*눈/ 치아/ 귀/ 팔/ 다리/ 엉덩이 등 쌍으로 구성된 신체 부위는 일반적으로 복수로 사용합니다.

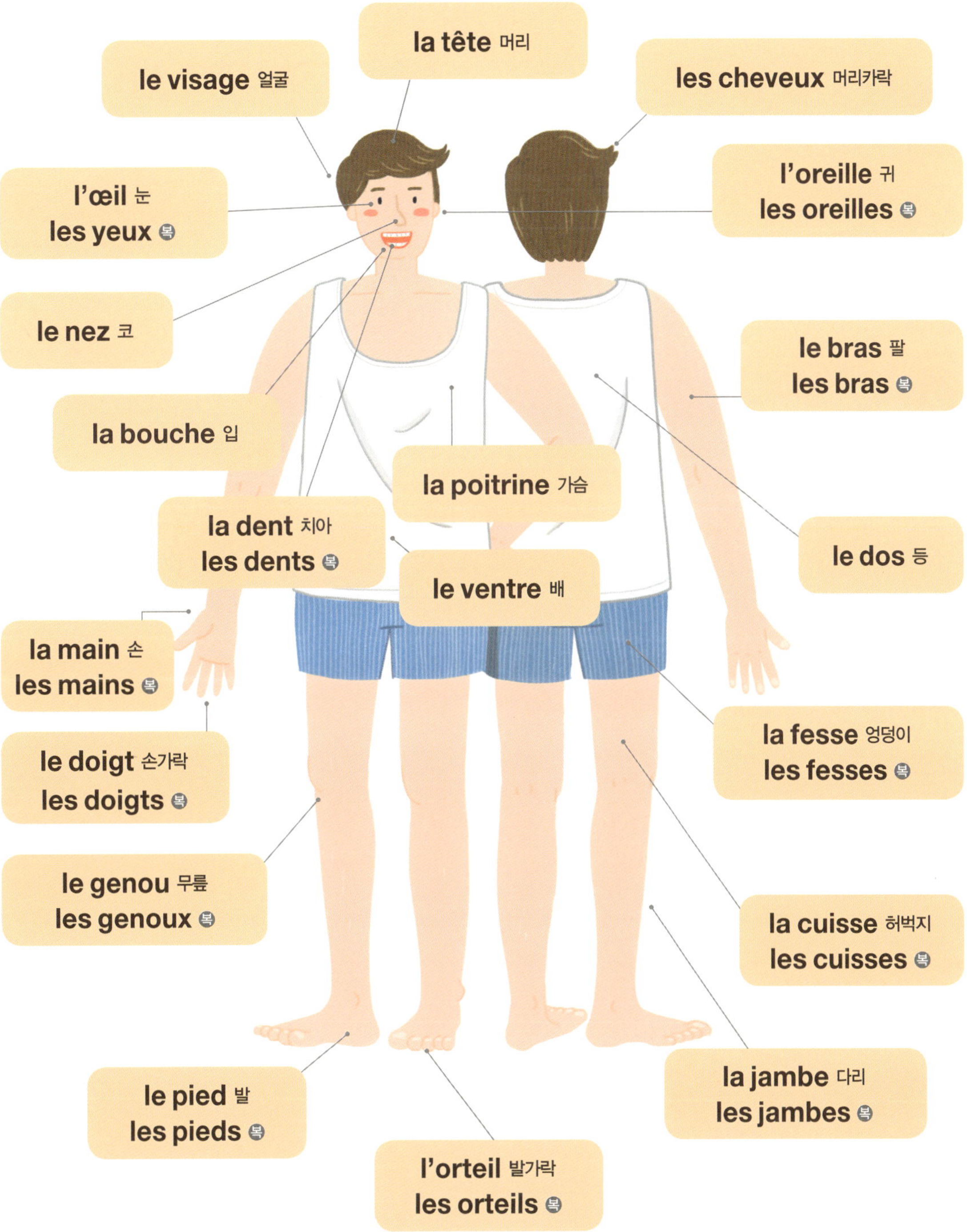

- la tête 머리
- le visage 얼굴
- les cheveux 머리카락
- l'œil 눈 / les yeux 복
- l'oreille 귀 / les oreilles 복
- le nez 코
- le bras 팔 / les bras 복
- la bouche 입
- la poitrine 가슴
- la dent 치아 / les dents 복
- le dos 등
- le ventre 배
- la main 손 / les mains 복
- le doigt 손가락 / les doigts 복
- la fesse 엉덩이 / les fesses 복
- le genou 무릎 / les genoux 복
- la cuisse 허벅지 / les cuisses 복
- le pied 발 / les pieds 복
- la jambe 다리 / les jambes 복
- l'orteil 발가락 / les orteils 복

Jour 08 J'ai faim. 89

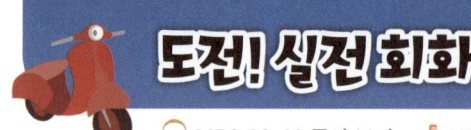 도전! 실전 회화

🎧 MP3 08-08 들어 보기   🎤 MP3 08-09 회화 훈련

 J'ai deux baguettes.
Tu as faim ?

 Non, je n'ai pas faim.
Mais j'ai sommeil et froid.

 Tu as mal à la tête ?

 Non, je n'ai pas mal à la tête.
Mais j'ai mal au ventre.

프랑스어 연음에 유의하세요!
가령 Tu as mal à la tête?(너 두통 있니?)라는 문장의 경우 연음을 하지 않고 발음하면 [튀 아 말 아 라 떼트]가 됩니다. 이 경우에는 발음을 하기 힘드니, 반드시 연음해서 [튀 아 말 라 라 떼트]로 부드럽게 읽으세요.

폴	나한테 두 개의 바게트가 있어.
	너 배고프니?
지나	아니, 배고프진 않아.
	근데 졸리고 추워.
폴	너 두통 있니?
지나	아니, 두통은 없어.
	근데 배가 아파.

단어

avoir ~을 가지고 있다
faim 굶주림, 허기 여
ne pas ~가 아니다
et 그리고
tête 머리 여

deux 숫자 2, 2의
avoir faim 배고프다
mais 그러나, 하지만, 그런데
froid 냉기, 한기, 추위 남
ventre 배, 복부 남

baguette 바게트 여
non 아니, 아니오
sommeil 잠, 수면 남
mal 고통, 병 남

Jour 08 J'ai faim. 91

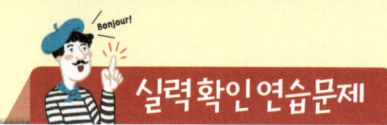

실력확인연습문제

1 빈칸에 들어갈 말을 적고, 소리 내어 말해 보세요.

1 A: J'_____ deux pains. 나는 두 개의 빵이 있어.

   Tu n'as pas _____ pain ? 너는 빵 없어?

2 A: Tu as _____ ? 너 배고프니?

   B: Non, je _____ pas faim. 아니, 난 배고프지 않아.

3 A: Tu as _____ à la tête ? 너 머리 아프니?

   B: Non, j'ai mal _____ ventre. 아니, 난 배가 아파.

2 제시 단어들을 순서대로 배열해서 문장을 만들어 보세요.

1 나는 세 개의 바게트가 있다. [trois / j'ai / baguettes]

   → _____

2 그는 배고프지 않다. [n'a / faim / pas / il]

   → _____

3 너 눈이 아프니? [as / mal / tu / aux / yeux]

   → _____

정답
1 1. ai / de 2. faim / n'ai 3. mal / au
2 1. J'ai trois baguettes. 2. Il n'a pas faim. 3. Tu as mal aux yeux ?

프랑스에서 병원 방문하기

프랑스에서는 진료는 사전 예약

프랑스 의료 시스템은 큰 카테고리로 일반의 진료소와 전문의 진료소로 나누어져 있습니다. 몸이 아프면 우선 일반 의사(le médecin généraliste)를 찾아갑니다. 이어서 세부 진료가 필요하다고 판단될 시에는 전문 의사(le spécialiste)에게 진료를 요청합니다. 프랑스는 필히 사전에 예약을 해야 진료를 받을 수 있습니다. 국가와 기업주가 부담하는 보험(sécu. sécurité sociale)으로 진료비의 약 60%~70% 정도는 환불받을 수 있으며, 뮈튀엘(mutuelle)이라는 개인부담 보험을 들면 거의 전액 무료(치과나 산부인과 같은 일부 진료는 제외)로 병원 치료를 받을 수 있습니다.

Jour 09

J'ai 22 ans.
나는 스물두 살이야.

월   일

핵심 문장 익히기

1 🎧 MP3 09-01 들어 보기　🎤 MP3 09-02 회화 훈련

Quel âge avez-vous ? 나이가 어떻게 되시죠?

⭐ 의문형용사 quel

의문형용사 quel은 '어떤', '무슨', '어느', '무엇'이라는 뜻인데, 의문문을 만들 때 사용되며 명사를 직접 수식하거나 속사로 쓰입니다. 총 네 가지의 형태를 가지며, 다른 형용사와 마찬가지로 명사의 성과 수에 일치시킵니다. 참고 227쪽

	남성	여성
단수	quel	quelle
복수	quels	quelles

⭐ 의문형용사 quel의 어순

quel은 영어의 which와 비슷한 의문형용사입니다.

1. Quel + 명사 + 동사 + 주어?

예) Quel film préfères-tu ? 너는 어떤 영화를 선호하니?

2. Quel(속사) + 동사 + 주어?

예) Quel est votre nom ? 당신의 이름은 무엇입니까?

⭐ avoir를 활용해 나이 묻고 답하기

나이를 묻고 답할 때는 반드시 동사 avoir를 사용합니다. '가지다'라는 뜻이지만 나이를 묻고 답할 때에 쓰이기도 합니다.

예) A: Quel âge as-tu ? 넌 몇 살이니?
　　B: J'ai 27 ans. 저는 27살입니다.

 공부한 내용을 확인해 보세요!

❶ _____ âge as-tu ? 나이가 어떻게 되니?

❷ _____ heure est-il ? 몇 시죠?

 속사

영어의 보어에 해당합니다. 주어나 목적어의 성질, 상태를 나타냅니다. 품사로는 명사나 형용사가 속사로 쓰입니다.

예) Je suis étudiant.
　　나는 학생이다. (주격 속사)
　　Je trouve Paul intelligent.
　　나는 폴이 똑똑하다고 생각한다.
　　(목적격 속사)

 단어

âge 나이, 연령 (남)
vous avez 너희들(당신, 당신들)은 ~을 가지고 있다
film 영화 (남)
préférer 선호하다
votre, votre, vos 당신의
nom (이름) 성 (남)
an 연, 해, 연간 (남)
heure 시간 (여)
étudiant 학생 (남)
　(étudiante 여)
trouver 발견하다, ~라고 판단하다
intelligent 똑똑한 (남)
　(intelligente 여)

 정답
① Quel　② Quelle

🎧 MP3 09-03 들어 보기　🎤 MP3 09-04 회화 훈련

2

A Quel jour sommes-nous ?
오늘 무슨 요일이에요?

B Nous sommes mercredi. 수요일이요.

⭐ 요일 묻고 대답하기

요일을 묻고 대답할 때에는 대명사 **nous**를 주어로 사용합니다.

예) A: Quel jour sommes-nous ? 어떤 요일입니까? → (오늘) 무슨 요일이에요?
　　= Quel jour sommes-nous aujourd'hui ? 오늘 무슨 요일이에요?
　　B: Nous sommes lundi. (오늘은) 월요일입니다.

⭐ 날짜 묻고 대답하기

날짜를 물어볼 때는 **le combien**(몇 번째)을 사용합니다.

예) A: Nous sommes le combien aujourd'hui ? 오늘 며칠입니까?
　　B: Nous sommes le deux avril. 4월 2일입니다.

매월 '1일'의 경우, 기수 대신 서수 **premier**를 사용합니다.

예) Nous sommes le premier mai. 5월 1일입니다.

☕ **요일**

lundi [랑디] 월요일
mardi [마흐디] 화요일
mercredi [메흐크흐디] 수요일
jeudi [쥬디] 목요일
vendredi [벙드흐디] 금요일
samedi [쌈디] 토요일
dimanche [디멍쉬] 일요일

🎨 **단어**

jour 날, 날짜
nous sommes ~
　(우리는) ~이다
mercredi 수요일
aujourd'hui 오늘
lundi 월요일
combien 며칠, 몇 번째
deux 숫자 2, 2의
avril 4월
premier 첫 번째의
mai 5월
jeudi 목요일

공부한 내용을 확인해 보세요!

❶ _____ jour sommes-nous ? 오늘 무슨 요일이에요?

❷ Nous sommes _____ . 목요일이에요.

정답
① Quel　② jeudi

Jour 09 J'ai 22 ans. **97**

핵심 문장 익히기

3

🎧 MP3 09-05 들어 보기   🎤 MP3 09-06 회화 훈련

A Quel est ton numéro de portable ?
   네 휴대폰 번호가 어떻게 되니?

B C'est le 06 34 61 88 95. 06 36 61 88 95야.

★ 전화번호 묻기

상대방에게 '전화번호가 어떻게 되세요?'라고 묻고 싶을 땐 'Quel + être 동사 + 주어' 패턴을 사용해서 물어보면 됩니다.

- 예) Quel est ton numéro (de portable) ? 네 휴대폰 번호는 어떻게 되니?
  구어) Tu as un numéro ? 너 번호를 가지고 있니? (= 전화번호가 어떻게 되니?)

★ 전화번호 알려 주기

전화번호를 알려 줄 때에는 C'est le ~ (~입니다) 패턴을 사용합니다. C'est 뒤에 숫자를 두 자리씩 끊어서 불러 주면 됩니다. 숫자 앞에 정관사 le를 붙여 줘야 한다는 점을 기억하세요.

- 예) 06 34 61 88 95
  = zéro six / trente-quatre / soixante et un / quatre-vingt-huit / quatre-vingt-quinze

★ 숫자 0~10

0	zéro [재호]	6	six [씨쓰]
1	un [앙]	7	sept [쎄트]
2	deux [두]	8	huit [위트]
3	trois [트화]	9	neuf [뇌프]
4	quatre [꺄트흐]	10	dix [디쓰]
5	cinq [쌍크]		

 **왕초보 탈출 팁**

한국식 휴대전화 번호의 경우 앞자리에 0이 있지만, 프랑스에서는 0을 주로 생략하고 십 단위씩 끊어서 부릅니다. (국제전화 사용시 전화번호 앞의 0은 생략합니다.)

- 예) C'est le (0)10-56-32-54-78. (전화번호는) 10 56 32 54 78입니다.

 단어

numéro 번호 (남)
de ~의
portable 휴대용 전자 기기, 휴대폰 (남)

 날짜 표현

★ 1월~12월

MP3 09-07

1월 **janvier** [졍비애]	2월 **février** [패브히애]	3월 **mars** [마흐쓰]	4월 **avril** [아브힐]
5월 **mai** [메]	6월 **juin** [쥐앙]	7월 **juillet** [쥐이애]	8월 **août** [우트]
9월 **septembre** [셉텅브흐]	10월 **octobre** [옥토브흐]	11월 **novembre** [노벙브흐]	12월 **décembre** [대썽브흐]

★ 1일~31일

1일 premier	2일 deux	3일 trois	4일 quatre	5일 cinq
6일 six	7일 sept	8일 huit	9일 neuf	10일 dix
11일 onze	12일 douze	13일 treize	14일 quatorze	15일 quinze
16일 seize	17일 dix-sept	18일 dix-huit	19일 dix-neuf	20일 vingt
21일 vingt et un	22일 vingt-deux	23일 vingt-trois	24일 vingt-quatre	25일 vingt-cinq
26일 vingt-six	27일 vingt-sept	28일 vingt-huit	29일 vingt-neuf	30일 trente
31일 trente et un				

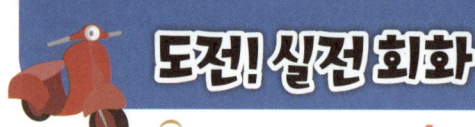 도전! 실전 회화

🎧 MP3 09-08 들어 보기   🎤 MP3 09-09 회화 훈련

 Quel âge avez-vous ?

 J'ai 22 ans.

 Vous avez un numéro de portable ?

 Oui, c'est le 06 43 32 75 96.

 D'accord.

 Pardon madame.
Quel jour sommes-nous aujourd'hui ?

 Nous sommes mercredi.

 C'est déja mercredi ! Merci beaucoup !

 De rien !

다음 표현을 프랑스어로 적어 보세요.

❶ 넌 몇 살이니? _____

❷ 오늘 무슨 요일이지? _____

정답 ① Quel âge as-tu ? ② Quel jour sommes-nous (aujourd'hui) ?

접수원	나이가 어떻게 되십니까?
지나	저는 22살이에요.
접수원	휴대폰 있으세요?(번호가 어떻게 되시나요?)
지나	네, 06 43 32 75 96입니다.
접수원	알겠어요.
지나	실례합니다, 마담. 오늘이 무슨 요일이죠?
접수원	수요일이요.
지나	벌써 수요일이군요! 감사합니다!
접수원	천만에요!

단어

réceptionniste 접수원, 안내원
de ~의
pardon 실례합니다
déja 벌써, 이미
an 연, 해, 연간 (남)
portable 휴대용 제품, 휴대폰 (남)
madame 마담, 부인 (여)
de rien 천만의 말씀
numéro 번호 (남)
d'accord 좋아요, 그래요
mercredi 수요일 (남)

Jour 09 J'ai 22 ans. 101

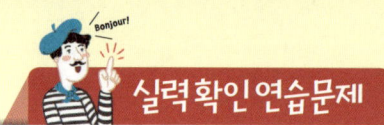

실력확인연습문제

1 빈칸에 들어갈 말을 적고, 소리 내어 말해 보세요.

1. A: _____ avez-vous ? 나이가 어떻게 되십니까?

   B: J' _____ 22 ans. 저는 22살입니다.

2. A: Quel jour _____ aujourd'hui ? 오늘은 무슨 요일입니까?

   B: Nous sommes _____ . 월요일입니다.

3. A: Vous _____ un numéro de portable ?
   휴대폰 있으세요?(번호가 어떻게 되시나요?)

   B: Oui, c'est _____ 06 55 34 74 21. 네, 06 55 34 74 21입니다.

2 제시 단어들을 순서대로 배열해서 문장을 만들어 보세요.

1. 너 전화번호가 어떻게 되니? [tu as / portable / un / numéro / de]

   → _____

2. 오늘 무슨 요일이야? [quel / nous / jour / sommes / aujourd'hui]

   → _____

3. 너 나이가 어떻게 되니? [quel / as-tu / âge]

   → _____

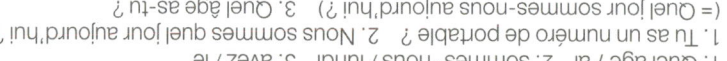

1. Quel âge / ai 2. sommes-nous / lundi 3. avez / le
1. Tu as un numéro de portable ? 2. Nous sommes quel jour aujourd'hui ? (= Quel jour sommes-nous aujourd'hui ?) 3. Quel âge as-tu ?

청춘들의 파티

> 와인 한 병 손에 들고 파티~

프랑스에는 파티를 즐기는 문화가 삶 속에 자연스럽게 녹아 있습니다. 클럽에서 최신 유행 음악과 함께 밤을 지새기도 하지만, 그보다 홈파티 문화가 잘 발달되어 있습니다. 홈파티의 경우, 친밀한 특정 인원만을 초대하는 개인 파티와 불특정 다수의 사람들도 환대하는 개방 파티로 나뉩니다. 개방 파티의 경우 우연히 그 앞을 지나가던 동네 청년 무리들이 음악 소리를 듣고 우르르 몰려들기도 합니다. 두세 다리 건너면 서로 알 만한 인맥 규모의 중소도시에서 특히 더 그런 경향이 있습니다. 프랑스에서 살면, 수요일이나 목요일쯤 되면 건물 1층 입구에 붙여진 메모를 종종 발견할 때가 있습니다. 저녁에 XXX호에서 파티가 열리니 소음이 있더라도 양해 바란다는 이웃의 알림 글입니다. 당신이 원한다면 기꺼이 참석을 바란다는 초대 코멘트도 물론 잊지 않습니다. 젊은 친구들은 돈이 없습니다. 주말이 다가오는 밤이 되면 가장 저렴한 와인 한 병을 손에 들고 파티 장소를 향해 걸음을 재촉합니다.

Jour 10

J'achète du fromage.

나는 치즈를 사.

_____월 _____일

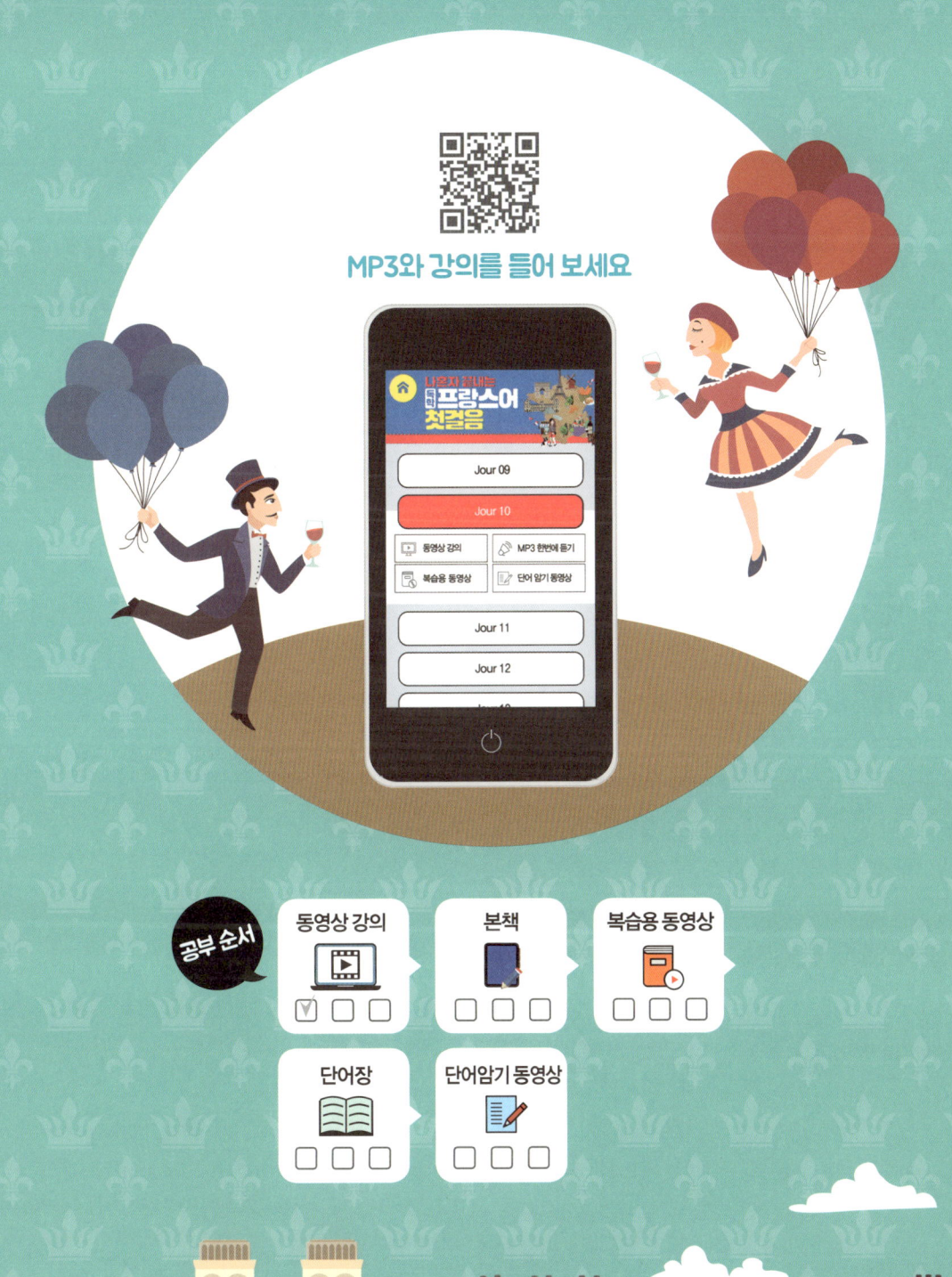

핵심 문장 익히기

1

🎧 **MP3 10-01** 들어 보기   🎤 **MP3 10-02** 회화 훈련

J'achète un gâteau. 나는 과자 하나를 산다.

★ **1군 변칙동사 acheter: 사다**

대부분의 1군 동사는 규칙동사이지만 몇몇 동사가 발음의 용이함을 위해 기호나 철자가 변형되기도 합니다. 그중 하나가 '사다'라는 뜻의 **acheter**입니다. 동사가 변할 때 기호가 붙으며 발음도 바뀝니다. 참고 238쪽

단수	J'achète ~ Tu achètes ~ Il/Elle achète ~	나는 ~를 산다 너는 ~를 산다 그/그녀는 ~를 산다
복수	Nous achetons ~ Vous achetez ~ Ils/Elles achètent ~	우리는 ~를 산다 너희들(당신, 당신들)은 ~를 산다 그들/그녀들은 ~를 산다

예) **Nous achetons** un livre. 우리는 책을 한 권 산다.
Ils achètent des fleurs. 그들은 꽃을 (여러 송이) 산다.

🎨 **단어**
acheter 사다
gâteau 과자 (남) (gâteaux 복)
livre 책 (남)
des 몇몇의
fleur 꽃 (여)

공부한 내용을 확인해 보세요!

❶ _____ des fleurs. 나는 꽃 몇 송이를 산다.

❷ Nous _____ un livre. 우리는 책을 한 권 산다.

정답
① J'achète ② achetons

106

🎧 MP3 10-03 들어 보기　🎙 MP3 10-04 회화 훈련

2

A Qu'est-ce que tu achètes ?　넌 무엇을 사니?
B J'achète du fromage !　난 치즈를 (좀) 사!

★ 의문사 Que로 의문문 만들기

1. Que + 동사 + 주어(도치) ?: 문법에 맞춘 가장 형식을 존중한 표현입니다.
　예) Que regardes-tu ?　너는 무엇을 보고 있니?

2. Qu'est-ce que + 주어 + 동사 ?: 의문사 que와 est-ce que가 결합한 형태입니다. 주어, 동사를 도치하지 않고 평서문처럼 놓습니다.
　예) Qu'est-ce que tu regardes ?　너는 무엇을 보고 있니?

3. 주어 + 동사 + Quoi ?: que의 강세형인 quoi를 사용합니다. quoi를 목적어 자리에 위치시킵니다. 평서문 형태의 의문문으로 회화체에서 주로 사용합니다. 또한 Que를 단독으로 의문문을 만들 때는 반드시 quoi를 사용해 줍니다.
　예) Tu regardes quoi ?　너는 무엇을 보고 있니?
　　　Quoi ?　뭐?

★ 부분관사

부분관사는 셀 수 없는 추상명사나 물질명사 앞에 사용합니다. 때로는 적당한 양을 지시하기도 합니다. 참고 221쪽

남성 단수	du	예) du café 커피 (셀 수 없는 물질명사)
여성 단수	de la	예) de la chance 행운 (추상명사)
남성/여성 복수	des	예) des épinards 시금치 (세기 애매한 단위의 물질명사)

공부한 내용을 확인해 보세요!

❶ _____ 'est-ce qu'ils regardent ?　그들은 무엇을 보고 있니?

❷ Ils regardent une _____.　그들은 한 장의 사진을 보고 있어.

☕ **왕초보 탈출 팁**

관사는 성과 수를 나타낼 뿐 아니라, 동일한 명사일지라도 어떤 관사를 붙이냐에 따라 명사의 역할을 다르게 한정하기도 합니다.

예) un café 커피 한 잔
　　le café (음료 종류 중) 그 커피
　　du café
　　(셀 수 없는 물질명사) 약간의 커피

☕ **que+모음 축약**

que 뒤에 모음으로 시작하는 단어가 오면 축약이 됩니다.

예) Qu'est-ce que tu aimes ?
　　너는 무엇을 좋아하니?
　　(Que est → Qu'est)

　　Qu'aimes-tu ?
　　너는 무엇을 좋아하니?
　　(Que aimes → Qu'aimes)

 단어

fromage 치즈 남
regarder 바라보다
café 커피 남
chance 행운 여
épinard 시금치 남
photo 사진 여
aimer 사랑하다

 정답
① Qu　② photo

핵심 문장 익히기

🎧 MP3 10-05 들어 보기　🎤 MP3 10-06 회화 훈련

3

A **Qu'est-ce que vous mangez ?**
너희들 뭘 먹고 있니?

B **Nous mangeons du chocolat.**
우리는 초콜릿을 (좀) 먹고 있어요.

★ 1군 변칙동사 manger: 먹다

manger처럼 어미가 -ger로 끝나는 동사는 nous 뒤에 쓸 때 변칙이 생깁니다.

단수	Je mange ~ Tu manges ~ Il/Elle mange ~	나는 ~를 먹는다 너는 ~를 먹는다 그/그녀는 ~를 먹는다
복수	Nous mangeons ~ Vous mangez ~ Ils/Elles mangent ~	우리는 ~를 먹는다 너희들(당신, 당신들)은 ~를 먹는다 그들/그녀들은 ~를 먹는다

예) Je mange de la viande.　나는 고기를 먹는다.
　　Tu manges du pain ?　너는 빵을 먹고 있니?

☕ 부분관사

셀 수 없는 물질명사나 적당한 양을 나타내는 부분관사 du(남성), de la(여성), des(복수) 등은 manger 동사와 함께 '몇몇의', '어느 정도의' 등 양이나 개수를 나타냅니다.

예) Ils mangent du fromage.
그들은 치즈를 (좀) 먹는다.
참고 221쪽

 공부한 내용을 확인해 보세요!

❶ Qu'est-ce que tu _____ ?　너는 무엇을 먹니?

❷ Je _____ du chocolat.　나는 초콜릿을 (좀) 먹어요.

 단어

manger 먹다
chocolat 초콜릿 남
viande 고기 여
pain 빵 남

 정답
① manges　② mange

주요 1군 변칙동사

🎧 MP3 10-07

1군 변칙동사는 1군 규칙동사와 동일한 어미 활용을 합니다. 다만 어간에서 기호가 붙거나, 기호의 방향이 바뀌거나 혹은 자음이 붙거나 하는 등의 소소한 변칙이 생기는 것입니다. 변칙 활용 자체는 어렵지 않지만, 익숙해지기 위해서는 시간이 필요합니다. 반복해서 읽어 보세요.

1군 변칙동사	단수	복수
préférer 선호하다 * 기호(악쌍)의 방향이 바뀌는 경우	Je préfère Tu préfères Il/Elle préfère	Nous préférons Vous préférez Ils/Elles préfèrent
jeter 던지다 * 자음이 하나 더 생기는 경우	Je jette Tu jettes Il/Elle jette	Nous jetons Vous jetez Ils/Elles jettent
appeler 부르다 * 자음이 하나 더 생기는 경우	J'appelle Tu appelles Il/Elle appelle	Nous appelons Vous appelez Ils/Elles appellent
envoyer 보내다 * y가 i로 바뀌는 경우	J'envoie Tu envoies Il/Elle envoie	Nous envoyons Vous envoyez Ils/Elles envoient

Jour 10 J'achète du fromage.

🎧 **MP3 10-08** 들어 보기　🎤 **MP3 10-09** 회화 훈련

 J'achète un gâteau.
Et toi ? Qu'est-ce que tu achètes ?

 J'achète du fromage !

 Qu'est-ce que vous mangez ?

 Alex et moi, nous mangeons du chocolat.

 Vous avez faim ?

 Oui, nous avons très faim !

폴	난 과자 하나를 살 거야.
	너는? 너는 무엇을 사니?
지나	난 치즈를 좀 살까 해!
폴	너희들 뭘 먹고 있니?
지나	알렉스와 난 초콜릿을 좀 먹고 있어.
폴	너희들 배고프니?
지나	응, 우리는 매우 배가 고파!

단어

acheter 사다
fromage 치즈 남
chocolat 초콜릿 남
gâteau 과자 남
manger 먹다
avoir faim 배고프다
et toi ? 너는?
moi 나
très 매우, 대단히

Jour 10 J'achète du fromage.

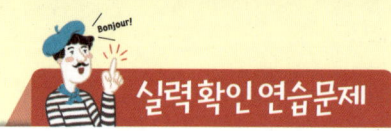

실력확인연습문제

1 빈칸에 들어갈 말을 적고, 소리 내어 말해 보세요.

1 A: Qu'est-ce que tu _____ ? 너는 무엇을 사니?

   B: _____ un gâteau. 나는 과자 하나를 사.

2 A: Qu'est-ce que tu _____ ? 너는 무엇을 먹니?

   B: Je _____ du fromage. 나는 치즈를 (좀) 먹고 있어.

3 A: Qu'est-ce que vous _____ ? 너희는 무엇을 먹고 있니?

   B: Nous _____ du chocolat. 우리는 초콜릿을 먹고 있어.

2 제시 단어들을 순서대로 배열해서 문장을 만들어 보세요.

1 너는 책을 한 권 산다. [achètes / tu / livre / un]

   → _____

2 우리는 초콜릿을 (좀) 먹는다. [chocolat / nous / du / mangeons]

   → _____

3 너희는 무엇을 사니? [achetez / qu'est-ce que / vous]

   → _____

정답 **1** 1. achètes / J'achète 2. manges / mange 3. mangez / mangeons   **2** 1. Tu achètes un livre. 2. Nous mangeons du chocolat. 3. Qu'est-ce que vous achetez ?

프랑스에서 장 보기

전통방식 수제 치즈~

한국에서 대형 마트가 재래시장과 소규모 상점의 자리를 밀어내고 있듯이 프랑스에서도 '오샹'이나 '카흐푸' 같은 대형 마트가 성업 중입니다. 하지만 동네마다 일주일에 두 번 '프랑스 시장'이 전통을 잇고 있습니다. 보통 수요일과 일요일에, 요일별로 정해진 동네 시내 광장으로 트럭을 몰고 와서 차에서 상품을 내려 간이 테이블에 진열합니다. 프랑스의 전통 식문화를 엿볼 수 있을 뿐 아니라 그 지역에서 생산된 싱싱한 야채나 과일, 전통적인 방식으로 만들어진 수제 치즈를 맛볼 수 있습니다.

Jour 10 J'achète du fromage.

Jour 11
Je me lève tôt.
나는 일찍 일어나.

_____ 월 _____ 일

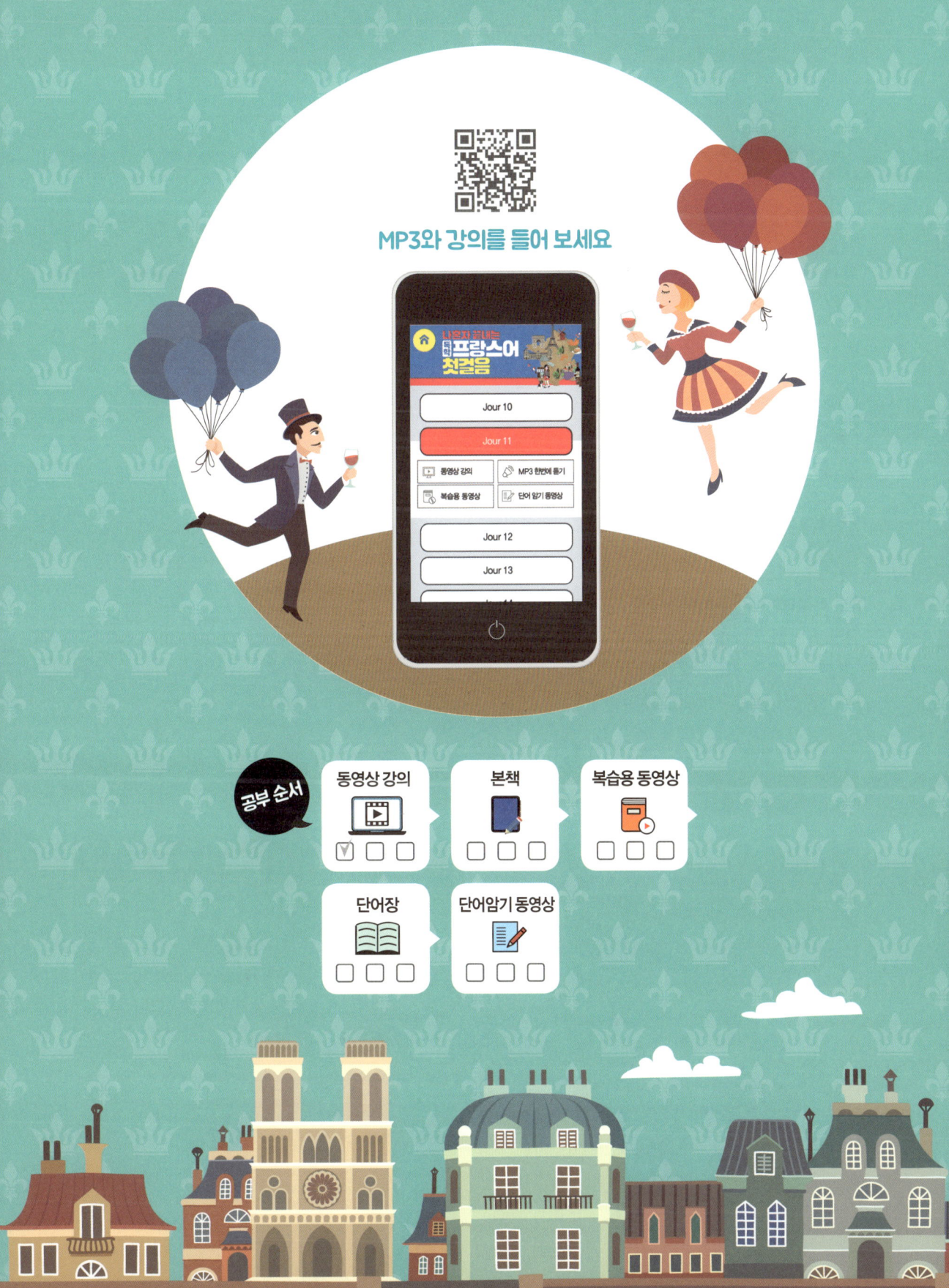

핵심 문장 익히기

🎧 MP3 11-01 들어 보기   🎤 MP3 11-02 회화 훈련

1

Je me lève tôt.   나는 일찍 일어나.

★ 대명동사

Jour 03에서 잠깐 소개했듯이, 동사의 행위를 받는 대상(목적어)이 주어의 행위를 지시합니다. 〔참고〕 36쪽

1. 재귀적 대명동사: 동사의 동작이 주어 자신을 지시한다.
- 예) Je me lève. 나는 나를 일으킨다. → 나는 기상한다.

2. 상호적 대명동사: 동사의 동작이 서로(상호)간의 행위를 지시한다.
- 예) Nous nous retrouvons. 우리는 서로를 발견한다. → 우리는 만난다.

3. 수동적 대명동사: 동사의 동작을 수동적으로 당한다.
- 예) Le livre se vend bien. 이 책은 스스로를 잘 판다. → 이 책이 많이 팔리고 있다.

★ 대명동사 se lever: 일어나다

se lever는 1군 변칙동사입니다. 각 인칭에 맞게 대명사가 변합니다.

단수 주어	+ 대명사	+ 동사	뜻
Je	me	lève	나는 일어난다
Tu	te	lèves	너는 일어난다
Il/Elle	se	lève	그/그녀는 일어난다

복수 주어	+ 대명사	+ 동사	뜻
Nous	nous	levons	우리는 일어난다
Vous	vous	levez	너희들(당신, 당신들)은 일어난다
Ils/Elles	se	lèvent	그들/그녀들은 일어난다

공부한 내용을 확인해 보세요!

❶ Je _____ tôt.   나는 일찍 일어나.

❷ Tu _____ tôt toi aussi ?   너도 일찍 일어나니?

 타동사와 대명동사 구분

lever 동사가 타동사로 쓰일 때와 재귀적 대명동사로 쓰일 때의 차이점을 비교해 보겠습니다. 재귀적 대명동사는 나 자신을 대명사로 바꾸어 동사 앞에 위치시킵니다. 대명사가 반드시 동사 앞에 수반됩니다. 인칭에 따라 나오는 대명사를 모두 암기하세요.

- 예) Je lève un enfant. 나는 한 아이를 일으킨다. (타동사)
  Je lève mon corps. 내가 내 몸을 일으킨다. (대명동사)
  → Je me lève.

 tôt (일찍)

tôt는 '일찍', '일찍이'라는 뜻의 부사입니다.

- 예) Tu te lèves tôt toi aussi ?
  너도 일찍 일어나니?
  Oui, je me lève tôt moi aussi ! 응, 나도 일찍 일어나!

 단어

lever 일으키다
se lever 일어나다
tôt 일찍, 일찍이
retrouver 발견하다, 만나다
vendre 팔다
enfant 아이
corps 몸 〔남〕

 정답

① me lève ② te lèves

🎧 MP3 11-03 들어 보기　🎙 MP3 11-04 회화 훈련

2

A Tu te couches tard ? 너는 잠을 늦게 자니?
B Non, je ne me couche pas tard.
아니, 늦게 자진 않아.

★ 대명동사 se coucher: 자다

coucher는 1군 타동사로서 단독으로 사용될 때는 '~를 재우다'라는 뜻을 가집니다.

단수 주어	+ 대명사 +	동사	뜻
Je	me	couche	나는 잠자리에 든다
Tu	te	couches	너는 잠자리에 든다
Il/Elle	se	couche	그/그녀는 잠자리에 든다

복수 주어	+ 대명사 +	동사	뜻
Nous	nous	couchons	우리는 잠자리에 든다
Vous	vous	couchez	너희들(당신, 당신들)은 잠자리에 든다
Ils/Elles	se	couchent	그들/그녀들은 잠자리에 든다

★ 대명동사 부정문 만들기: ne + 대명사 + 동사 + pas

일반문의 부정을 만들 때와 같이 ne pas를 사용하면 되는데, 대명사를 넣어 'ne + 대명사 + 동사 + pas'의 어순이 됩니다.

예) Nous nous couchons tard. 우리는 늦게 잠자리에 든다.
부정문 Nous ne nous couchons pas tard. 우리는 늦게 잠자리에 들지 않는다.

 **tard** (늦게)

tard는 '늦게'라는 뜻의 부사입니다.

예) Vous vous couchez tard ?
당신은 늦게 잠자리에 드나요?
Oui, je me couche tard.
네, 저는 늦게 잠자리에 듭니다.

 **souvent tard**

'자주'를 뜻하는 souvent은 tard(늦게)나 tôt(일찍)와 함께 쓰일 수 있습니다.

souvent tard: 자주 늦게
souvent tôt: 자주 일찍

예) Il se couche souvent tard. 그는 자주 늦게 잠자리에 든다.

 단어

se coucher 자다
tard 늦게
souvent 자주

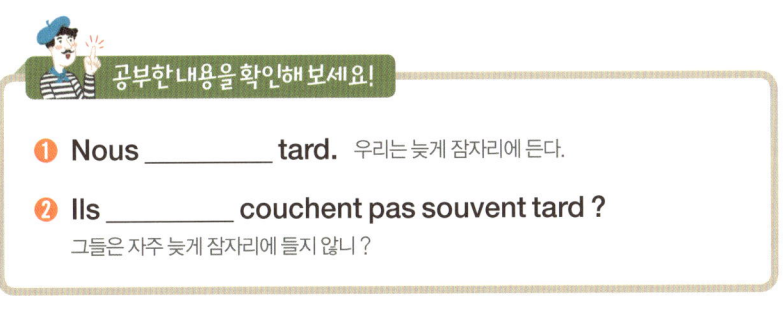

❶ Nous _____ tard. 우리는 늦게 잠자리에 든다.

❷ Ils _____ couchent pas souvent tard ?
그들은 자주 늦게 잠자리에 들지 않니?

 정답
① nous couchons　② ne se

Jour 11 Je me lève tôt. 117

핵심 문장 익히기

3

🎧 MP3 11-05 들어 보기   🎤 MP3 11-06 회화 훈련

A Tu te promènes souvent dans un parc ? 너는 자주 공원에서 산책하니?

B Oui, je me promène tous les jours. 응, 난 매일 산책해.

★ 대명동사 se promener: 산책하다

se promener는 '산책하다'의 뜻을 가진 1군 변칙 대명동사입니다.

단수 주어	+ 대명사 +	동사	뜻
Je	me	promène	나는 산책한다
Tu	te	promènes	너는 산책한다
Il/Elle	se	promène	그/그녀는 산책한다

복수 주어	+ 대명사 +	동사	뜻
Nous	nous	promenons	우리는 산책한다
Vous	vous	promenez	너희들(당신, 당신들)은 산책한다
Ils/Elles	se	promènent	그들/그녀들은 산책한다

★ dans: ~ 안에

dans은 '~ 안에', '~ 후에'라는 뜻으로, 공간과 시간을 표현하는 전치사입니다.

예) Je suis dans le bureau. 나는 사무실에(안에) 있어.
Paul part dans 3 jours. 폴은 3일 뒤에 떠난다.

단어

se promener 산책하다
dans ~ 안에
parc 공원
tous les jours 매일
bureau 사무실
partir 떠나다
jour 날, 하루

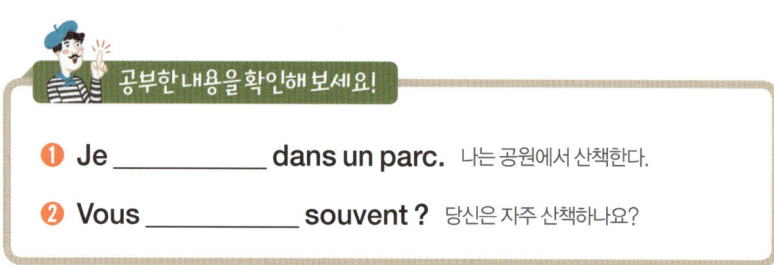

공부한 내용을 확인해 보세요!

❶ Je _____ dans un parc. 나는 공원에서 산책한다.

❷ Vous _____ souvent ? 당신은 자주 산책하나요?

정답
① me promène
② vous promenez

주요 1군 대명동사

🎧 MP3 11-07

대명동사는 프랑스어 일상 회화에서 굉장히 중요한 역할을 합니다. 대명동사의 대명사는 언제나 동사 앞에 위치한다는 것을 유의하고, 각 인칭에 따라 수반되는 대명사를 확실하게 암기하세요.

1군 변칙동사	단수	복수
s'appeler ~라고 불리다, 이름이 ~이다 * appeler는 1군 변칙 타동사로서 '~를 부르다'라는 뜻	Je m'appelle Tu t'appelles Il/Elle s'appelle	Nous nous appelons Vous vous appelez Ils/Elles s'appellent
se rencontrer (서로) 만나다 * 상호작용하는 대명동사는 복수 주어일 때 사용 가능. rencontrer는 '~를 만나다'라는 뜻		Nous nous rencontrons Vous vous rencontrez Ils/Elles se rencontrent
se parler 대화를 나누다 * 상호작용하는 대명동사는 복수 주어일 때 사용 가능. parler는 '말하다'라는 뜻		Nous nous parlons Vous vous parlez Ils/Elles se parlent
s'aimer 서로 사랑하다 * 단수일 때는 자기자신을 가리키다가 복수 주어일 때는 상호를 지시하는 대명사	Je m'aime Tu t'aimes Il/Elle s'aime	Nous nous aimons Vous vous aimez Ils/Elles s'aiment

Jour 11 Je me lève tôt.

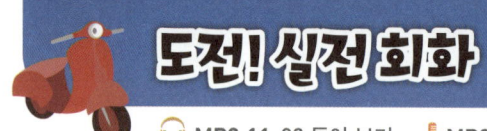

🎧 MP3 11-08 들어 보기 🎤 MP3 11-09 회화 훈련

 Je me lève tôt. Et toi ?
Tu te lèves tôt aussi ?

 Oui, je me lève souvent tôt.

 Tu te couches tard ?

 Non, je ne me couche pas tard.
Je me couche tôt.

 Tu te promènes souvent dans un parc ?

 Oui, je me promène dans un parc tous les jours !

폴	나는 일찍 일어나. 넌?
	너도 일찍 일어나니?
지나	응, 나도 자주 일찍 일어나.
폴	너는 늦게 잠자리에 드니?
지나	아니, 나는 늦게 잠자리에 들지 않아.
	나는 일찍 잠자리에 들어.
폴	너는 자주 공원을 산책하니?
지나	응, 나는 매일 공원을 산책해.

단어

se lever 일어나다 　　　　 tôt 일찍 　　　　 souvent 자주
se coucher 잠자리에 들다 　 tard 늦게 　　　 se promener 산책하다
dans ~안에 　　　　　　　 parc 공원 (남) 　 tous les jours 매일

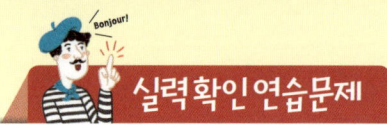

1 빈칸에 들어갈 말을 적고, 소리 내어 말해 보세요.

1 A: Tu _____ _____ tôt ? 너는 일찍 일어나니?

   B: Oui, je _____ _____ tôt ! 응, 나도 일찍 일어나!

2 A: Nous _____ _____ tard. 우리는 늦게 잠자리에 든다.

   B: Vous _____ vous couchez _____ tôt. 너희들은 일찍 잠자리에 들지 않는다.

3 Tu _____ _____ souvent ? 너는 자주 산책하니?

4 Ils/Elles _____ _____ tous les jours. 그들은 매일 산책한다.

2 제시 단어들을 순서대로 배열해서 문장을 만들어 보세요.

1 그녀는 늦게 일어난다. [lève / se / elle / tard]

   → _____

2 우리는 공원에서 자주 산책한다.
   [dans / nous / promenons / nous / souvent / un parc]

   → _____

3 그들은 일찍 잠자리에 들지 않는다. [ne / se / ils / tôt / couchent / pas]

   → _____

 정답
1 1. te / lèves / me / lève 2. nous / couchons / ne / pas 3. te / promènes 4. se / promènent
2 1. Elle se lève tard. 2. Nous nous promenons souvent dans un parc. 3. Ils ne se couchent pas tôt.

프랑스식 결혼식

결혼식 날, 시청에서 혼인 신고서에 서명을 합니다. 그리고 성당으로 자리를 옮겨 초대한 하객과 신부님 앞에서 결혼 서약을 합니다. 반지를 교환한 뒤 서약의 키스를 나눕니다. 신랑 신부가 식장을 나설 때 하객들은 돈과 자녀를 상징하는 쌀과, 사랑의 맹세를 뜻하는 장미 꽃잎을 던집니다. 그 후 밤 늦은 시간까지 결혼을 축하하는 피로연이 열립니다. 재미있는 관습으로, 결혼하는 날 전에는 사람들이 드레스를 입은 신부를 볼 수 없습니다. 신부의 드레스가 결혼식 전에 보이면 불행해진다는 미신이 있기 때문입니다. 서울에서 한국 여성과 결혼하는 프랑스 친구의 부탁으로 결혼식 사회에 참여한 적이 있습니다. 신랑측의 주요 하객은 프랑스인들이었기 때문입니다. 제가 느낀 두 결혼식 문화의 가장 큰 차이점은 바로 큰절의 의미였습니다. 한국에서는 큰절이 존경과 감사의 인사이지만 프랑스인들에게는 무릎을 꿇는 큰절이 하인이 주인을 향한 복종을 뜻합니다. 프랑스인 신랑 부모님에 대한 신부측의 배려로 식에서 신랑은 장인 장모님께 큰절을 하지 않았답니다.

Jour 12
Tu dînes à quelle heure ?
너는 몇 시에 저녁을 먹어?

월   일

핵심 문장 익히기

1

🎧 MP3 12-01 들어 보기   🎤 MP3 12-02 회화 훈련

Je finis le boulot. 나는 일을 마친다.

★ 2군 동사 finir: 마치다, 끝내다

2군 동사는 동사의 원형이 -ir로 끝나는 동사로, 1군 동사와 마찬가지로 규칙 활용을 하는 동사입니다. '마치다', '끝내다'라는 뜻을 가지고 있는 2군 동사 finir은 규칙동사입니다. 주어에 맞게 아래와 같이 바꿔서 활용해야 합니다.

단수	Je finis	나는 마친다
	Tu finis	너는 마친다
	Il/Elle finit	그/그녀는 마친다
복수	Nous finissons	우리는 마친다
	Vous finissez	너희들(당신, 당신들)은 마친다
	Ils/Elles finissent	그들/그녀들은 마친다

예) Je finis maintenant ! 지금 끝나요!
Nous ne finissons pas encore. 우리는 아직 끝나지 않았어요.

 프랑스어의 동사

프랑스어는 12000개의 동사가 있습니다. 대명동사 형태를 제외하면, 대략 8000개로 분류할 수 있습니다. 대부분은 1군 동사이고, 2군 동사는 대략 330여 개(1군 동사의 1/20) 정도밖에 되지 않습니다. 3군 변칙동사는 약 370개입니다.

 boulot (일, 노동)

boulot은 travail(일, 노동)의 친숙한 표현입니다.
대도시 노동자의 삶을 빗대어 만든 슬로건 "Métro, Boulot, Dodo(지하철, 일, 잠)"도 참고로 알아 두세요.

 단어

finir 마치다, 끝내다
boulot 일 (남)
maintenant 지금, 이제
encore 아직, 여전히

공부한 내용을 확인해 보세요!

❶ Il _____ le boulot. 그는 일을 마친다.

❷ Nous ne _____ pas encore. 우리는 아직 마치지 않았다.

 정답
① finit ② finissons

2

🎧 MP3 12-03 들어 보기   🎤 MP3 12-04 회화 훈련

A Tu finis le boulot à quelle heure ?
너는 몇 시에 일을 마치니?

B À 18 heures ! 저녁 6시에 끝나!

⭐ 시간 표현(~시): 숫자 + heure

heure은 '시간'을 의미합니다. 간단하게 앞에 숫자만 넣어 주면 '~시'라는 표현이 됩니다. 시간을 물을 때나 대답할 때에는 아래 예처럼 비인칭 주어를 사용합니다.

참고 숫자 표현을 복습하세요. 235쪽

예 A: Il est quelle heure ? 몇 시인가요?
  B: Il est 21 heures. 밤 9시요.

⭐ à + 숫자 + heure: ~시에

à는 가장 많이 쓰이는 전치사 중에 하나입니다. 시간과 장소 앞에서 빈번하게 쓰입니다. 시간을 나타내는 표현 앞에 쓰일 경우 '~시에'라는 의미가 됩니다.

예 Je finis l'école à 16 heures. 나는 오후 4시에 학교가 끝나.
  Tu as le cours à quelle heure ? 너는 몇 시에 수업이 있니?

프랑스식 시간 표현

정오(midi)부터 자정(minuit)까지 시간은 12에서 수를 하나씩 더해서 표현합니다.

예 오후 1시 → 13시,
  오후 3시 → 15시,
  오후 6시 → 18시,
  오후 9시 → 21시 ...

avoir 동사로 시간 묻기

avoir 동사를 이용하여 시간을 물어볼 수 있습니다. 직역하면 "너는 시간을 가지고 있니?"라는 뜻이 되지만, 실제 회화에서는 시간을 묻는 표현입니다.

예 Tu as l'heure ? 몇 시니?
  (= Est-ce que tu as l'heure ?)

🎨 단어

à ~에
quel 어떤 (남) (quelle (여))
heure 시간, ~시 (여)
école 학교 (여)
cours 수업 (남)

 공부한 내용을 확인해 보세요!

❶ Je finis le boulot _____ 18 heures.
  나는 저녁 6시에 일이 끝나.

❷ Tu as le cours _____ ? 너는 수업이 몇 시에 있니?

 정답
① à ② à quelle heure

핵심 문장 익히기

3

🎧 MP3 12-05 들어 보기   🎤 MP3 12-06 회화 훈련

A Tu dînes à quelle heure ? 너는 몇 시에 저녁을 먹니?
B En général, je dîne à 20 heures trente. 나는 보통 8시 반에 저녁을 먹어.

★ 시간 표현(~분): 숫자 + minute(s)

minute는 '분'을 의미합니다. 숫자 뒤에 쓰이면 '~분'이라는 표현이 됩니다.

예) Il est 19 heures 20 minutes. 저녁 7시 20분입니다.

15분, 30분과 같은 분 단위 표현을 알아 두세요.

15분 [quinze] = et quart 4분의 1	예)	Il est 8 heures et quart. 오전 8시 15분입니다.
30분 [trente] = et demie 절반	예)	Il est 11 heures et demie. 오전 11시 30분입니다.

★ 전치사 moins: 더 적게, 덜

'더 적게', '덜'을 의미하는 moins를 시간 앞에 쓰면 '~분 전'이라는 의미가 됩니다.

moins cinq 5분 전
moins dix 10분 전
moins le quart 15분 전

예) Il est 9 heures moins dix. 9시 10분 전이다. (= 8시 50분이다.)

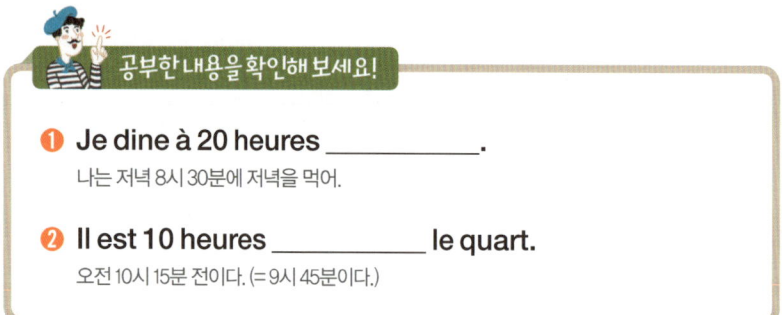

❶ Je dîne à 20 heures _____.
나는 저녁 8시 30분에 저녁을 먹어.

❷ Il est 10 heures _____ le quart.
오전 10시 15분 전이다. (= 9시 45분이다.)

☕ 왕초보 탈출 팁

일상 회화에서 시간을 말할 때 minute는 생략합니다.

예) Il est 7 heures 35 minutes.
→ Il est sept heures trente-cinq.
오전 7시 35분입니다.

Il est 13 heures 10 minutes.
→ Il est treize heures dix.
오후 1시 10분입니다.

☕ 오전에 사용하는 표현

다음은 회화체에서 사용하는 표현들입니다. 주로 오전 시간대에 사용합니다.

et quart 15분
et demie 30분
moins le quart 15분 전

🎨 단어

dîner 저녁 식사를 하다
en général 보통, 일반적으로
vingt 숫자 20, 20의
trente 숫자 30, 30의
minute ~분(시간) 여
quinze 숫자 15, 15의
quart 4분의 1, 15분 남
demie 절반, 30분 여
moins 더 적게, 덜

정답
① trente ② moins

형용사로 2군 동사 만들기

🎧 MP3 12-07

형용사의 여성형에서 -e를 떼고 -ir를 붙이면 2군 동사가 되는 경우가 많습니다.

2군 동사형	형용사형	형용사의 여성형 → 2군 동사
blanchir 하얗게 되다	blanc 하얀	blanche → blanchir
rougir 붉어지다	rouge 빨간	rouge → rougir
grandir 자라다	grand 큰	grande → grandir
grossir 뚱뚱해지다	gros 뚱뚱한	grosse → grossir
mincir 날씬해지다	mince 날씬한	mince → mincir

Jour 12 Tu dînes à quelle heure ? 129

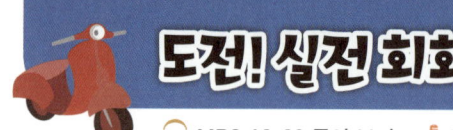

🎧 MP3 12-08 들어 보기   🎤 MP3 12-09 회화 훈련

 Tu finis le boulot à quelle heure ?

 Je finis à 18 heures.

 À 18 heures? C'est bien !

 Et toi ? Tu finis à quelle heure ?

 Je finis à 19 heures trente.

 Ah bon? Tu dînes à quelle heure ?

 En général, je dîne à 20 heures quinze. Et toi ?

 En général, je dîne à 18 heures trente.

저녁 6시를 나타내는 표현

Il est 18 heures. 혹은 Il est 6 heures. 모두 사용 가능합니다.

프랑스의 공식 시간으로 표현할 때는 정오 이후의 시간은 12시에서 수를 더한 시간입니다. 하지만 서로 간에 지시하고 있는 시간이, 오전 시간인지 오후 시간인지 파악하고 있다는 가정하에 15시 대신 (오후) 3시를 사용하기도 합니다.

폴	너는 몇 시에 일을 마치니?
지나	나는 저녁 6시에 끝나.
폴	6시? 좋은데!
지나	넌? 몇 시에 끝나는데?
폴	난 저녁 7시 30분에 끝나.
지나	그래? 넌 몇 시에 저녁을 먹어?
폴	나는 보통 8시 15분에 먹어. 넌?
지나	나는 보통 저녁 6시 30분에 저녁을 먹어.

단어

finir 끝내다, 마치다	boulot 일 (남)	quel 어떤 (남) (quelle 여)
heure 시간 (여)	à ~에	dix-huit 숫자 18, 18의
dix-neuf 숫자 19, 19의	trente 숫자 30, 30의	ah bon? 아 그러세요?
dîner 저녁 식사를 하다	en général 일반적으로, 보통	vingt 숫자 20, 20의
quinze 숫자 15, 15의		

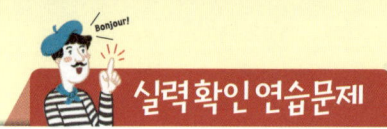

실력확인연습문제

1 빈칸에 들어갈 말을 적고, 소리 내어 말해 보세요.

1. A: Tu _____ le boulot à quelle heure ? 년 몇 시에 일을 마치니?

   B: En général, je _____ à 18 heures. 난 보통 저녁 6시에 일을 마쳐.

2. A: _____ _____ quelle heure ? 몇 시야?

   B: Il est 8 heures _____ dix. 저녁 8시 10분 전이야. (= 7시 50분이야.)

3. A: Tu dînes _____ quelle heure ? 너는 저녁을 몇 시에 먹니?

   B: Je dîne à 19 heures et _____. 나는 7시 반에 저녁을 먹어.

2 제시 단어들을 순서대로 배열해서 문장을 만들어 보세요.

1. 너는 몇 시에 일을 마치니? [finis / à / tu / le / quelle / heure / boulot]

   → _____

2. 나는 11시 15분에 마쳐. [à / finis / quart / et / onze / je / heures]

   → _____

3. 나는 저녁 8시 반에 저녁을 먹는다. [trente / dîne / je / à / vingt / heures]

   → _____

정답 **1** 1. finis / finis 2. Il est / moins 3. à / demie
2 1. Tu finis le boulot à quelle heure ? 2. Je finis à onze heures et quart. 3. Je dîne à vingt heures trente.

프랑스인들의 야근에 대한 인식

> 저녁 시간은 가족과 함께~

프랑스 근로자들은 노동법에 의해 연 5주의 휴가가 보장되고 주당 35시간까지만 근로가 허용됩니다. 프랑스에서는 대개 저녁 6시, 7시가 되면 정시 퇴근을 합니다. 더불어 프랑스인들은 저녁시간을 가족과 보내는 등의 소중한 개인 시간으로 분명히 인식하고 있으며 당연히 보장받아야 할 권리로 여기고 있습니다. 제가 리옹의 한 출판사에서 인턴 근무를 하던 시기였습니다. 금요일 저녁 6시, 일이 서툴렀던 저는 맡은 일을 제때 마치지 못할까 봐 걱정되었습니다. 저는 편집장에게 "주말에 나와서 일하기를 원해요. 입구 열쇠를 제게 주시겠습니까?"라고 얘기했습니다. 하지만 즉각 "왜 회사가 당신의 주말을 뺏어야 하죠? 부탁이니, 다 끝내지 못한 일은 다음 주에 와서 하세요."라는 답변을 들었습니다. 본래 멋진 편집장님이셨지만 그 말을 할 땐 얼마나 더 멋져 보였는지 모릅니다.

Jour 13

Je vais à Paris.
나는 파리에 가.

___월 ___일

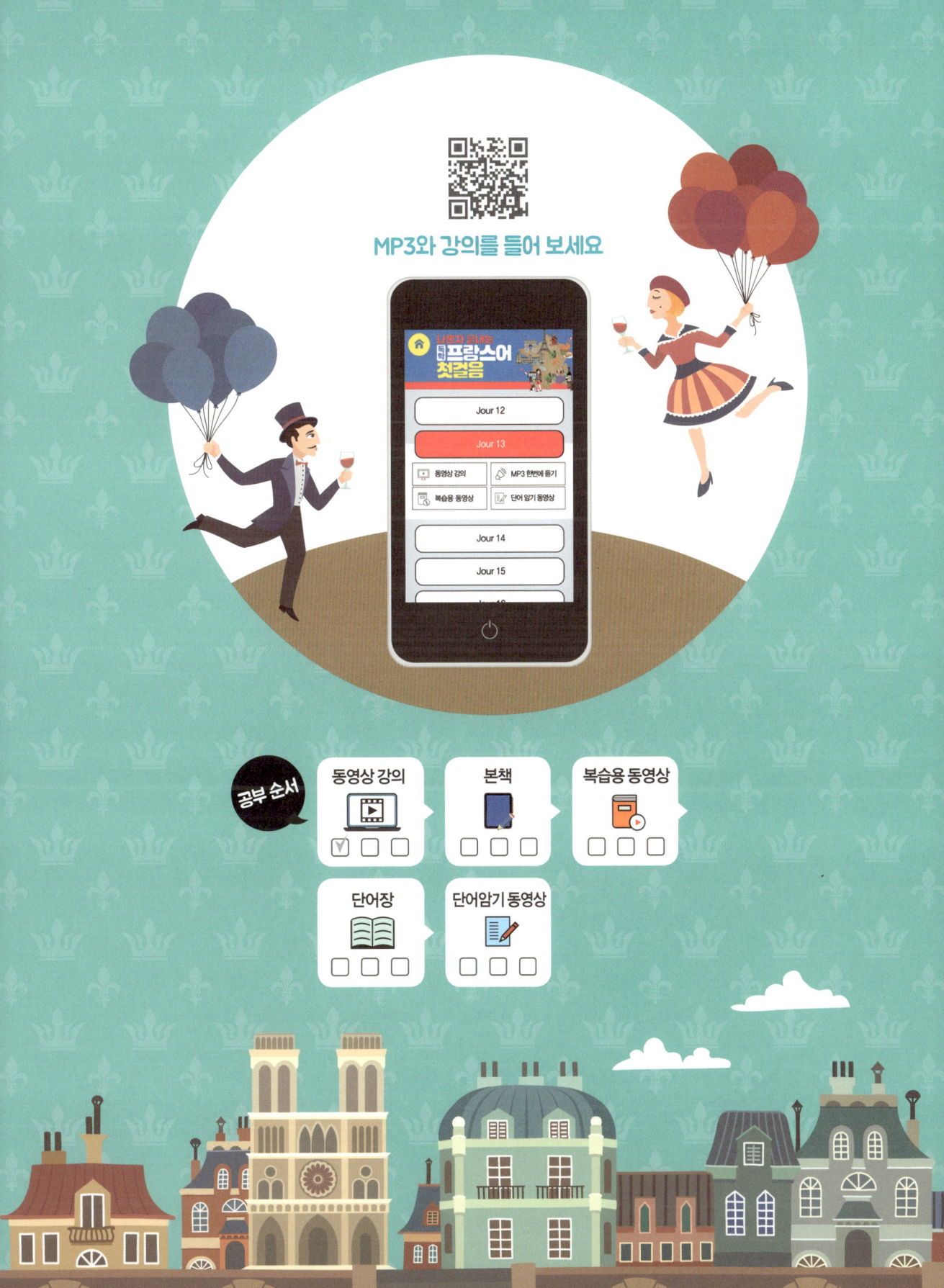

핵심 문장 익히기

🎧 MP3 13-01 들어 보기 🎤 MP3 13-02 회화 훈련

1

Je vais à la boulangerie ce matin.
나는 오늘 아침 빵집에 가요.

★ 3군 동사 aller: 가다

aller은 '가다'라는 의미의 3군 변칙동사입니다. '~로 가다'라고 할 경우에는 전치사 à와 함께 뒤에 장소를 적어서 'aller à + 장소'로 표현하면 됩니다.

단수	Je vais	나는 간다
	Tu vas	너는 간다
	Il/Elle va	그/그녀는 간다
복수	Nous allons	우리는 간다
	Vous allez	너희들(당신, 당신들)은 간다
	Ils/Elles vont	그들/그녀들은 간다

★ 'à + le / la / les + 장소명'이 올 때의 관사 축약

장소를 나타내는 전치사 뒤에 관사가 이어져 나올 경우, 전치사와 관사를 축약합니다.

참고 229쪽

à + le = au	예) Je ne vais pas au cinéma. 나는 극장에 가지 않는다.
à + la = à la	Il va à la bibliothèque. 그는 도서관에 간다.
à + les = aux	Elles vont aux toilettes. 그녀들은 화장실에 간다.
모음 축약	Ils vont à l'école. 그들은 학교에 간다.

☕ **지시 형용사**

지시 형용사는 명사 앞에서 특정한 사람이나 사물을 지시하는 역할을 합니다. 해석은 '이 ~', '그 ~', '저 ~'로 됩니다.

	남성	여성
단수	ce / cet	cette
복수	ces	

cet은 모음이나 묵음 h로 시작하는 남성단수 명사 앞에 씁니다.

예) ce matin 오늘 아침
    cet après-midi 오늘 오후
    cette nuit 오늘 밤

참고 228쪽

🎨 **단어**

aller 가다
aller à ~로 가다
boulangerie 빵집, 제과점 여
matin 아침 남
cinéma 극장 남
bibliothèque 도서관 여
toilettes 화장실 여 복
école 학교 여
après-midi 오후
nuit 밤 여

공부한 내용을 확인해 보세요!

❶ Vous _____ à la bibliothèque ? 당신은 도서관에 갑니까?

❷ Nous allons _____ cinéma. 우리는 영화관에 가.

정답
① allez ② au

2

A Je vais à Paris aujourd'hui.
나는 오늘 파리에 가.

B Bon voyage ! 즐거운 여행 되렴!

★ 'à + 도시·국가명'의 관사 변화

1. à + 도시: 도시는 일반적으로 무관사입니다.
- 예) Je vais à Séoul. 나는 서울에 간다.

2. à + 남성 국가명: 관사 le를 수반합니다.
- 예) Tu vas au Japon ? 너 일본에 가니? (à + le → au)

3. à + 여성 국가명: 'à + la = à la'가 아니라 예외적으로 en을 국가명 앞에 붙여 줍니다.
- 예) Il va en France. 그는 프랑스에 간다.

4. à + 복수 형태의 국가명: 관사 les를 수반합니다.
- 예) Vous allez aux États-Unis ? 당신은 미국에 가나요? (à + les → aux)

★ Bon voyage !

자주 사용하는 일상 단어 중 '좋은'이라는 뜻의 형용사 bon을 명사 앞에 붙이면, 격려와 행운을 비는 응원의 인사가 되기도 합니다. 여행 배웅 인사도 마찬가지입니다.
- 예) Bon(좋은) + Voyage(여행) = Bon voyage ! 즐거운 여행 되렴!

 어제, 오늘, 내일

hier 어제
aujourd'hui 오늘
demain 내일

단어

aujourd'hui 오늘
bon 좋은 남 (bonne 여)
voyage 여행 남
États-Unis 미국 남 복
Chine 중국 여
hier 어제
demain 내일

❶ Je vais _____ Paris. 나는 파리에 가.
❷ Ils vont _____ Chine aujourd'hui. 그들은 오늘 중국에 가.

 정답
① à ② en

핵심 문장 익히기

3
A Tu arrives d'où ? 너는 어디서 오는 길이니?
B Je viens du bureau. 나는 사무실에서 오는 길이야.

★ 3군 동사 venir de: ~로부터 오다

venir은 '오다'라는 뜻의 3군 변칙동사입니다. 뒤에 장소를 넣어 'venir de + 장소명'의 형태로 쓰면 '~로부터 오다'라는 뜻이 됩니다.

단수	Je viens de ~	나는 ~로부터 온다
	Tu viens de ~	너는 ~로부터 온다
	Il/Elle vient de ~	그/그녀는 ~로부터 온다
복수	Nous venons de ~	우리는 ~로부터 온다
	Vous venez de ~	너희들(당신, 당신들)은 ~로부터 온다
	Ils/Elles viennent de ~	그들/그녀들은 ~로부터 온다

위치를 나타내는 표현

arriver ~에 도착하다
venir de + chez + 이름
　~의 집으로부터 오다
où 어디
d'où 어디로부터

★ 'de + le, la, les + 장소명'이 올 때의 관사 축약

de + le = du	예) Je viens **du** cinéma. 나는 영화관에서 오는 길이야.
de + la = de la	Il vient **de la** bibliothèque. 그는 도서관으로부터 오는 길이다.
de + les = des	Nous venons **des** États-Unis. 우리는 미국에서 오는 길이야.
모음 축약	Ils viennent **de l'**école. 그들은 학교에서부터 오는 길이다.

주의: de + 여성 국가명인 경우 관사 la가 생략됩니다.
예) Je viens **de** Corée. 나는 한국에서 왔어.

단어

arriver 도착하다
où 어디
d'où 어디로부터
venir 오다
venir de ~로부터 오다
bureau 사무실
chez ~의 집에(서)

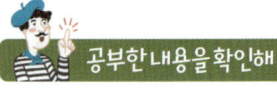 공부한 내용을 확인해 보세요!

❶ Elle vient _____ l'école. 그녀는 학교에서 오는 길이다.
❷ Elles _____ de Corée. 그녀들은 한국에서 오는 길이다.

 정답
① de ② viennent

움직임을 나타내는 동사 + 전치사

🎧 MP3 13-07

sortir à ~로 나가다, 외출하다	예) Je sors au centre-ville. 나는 시내로 외출한다.
sortir de ~로부터 나오다	예) Je sors de l'école. 나는 학교에서 나온다.
partir pour ~로 떠나다	예) Je pars pour la France. 나는 프랑스로 떠난다.
partir de ~로부터 떠나오다	예) Je pars de Séoul. 나는 서울로부터 떠나온다.
arriver à ~에 도착하다	예) J'arrive à la gare. 나는 역에 도착한다.
arriver de ~로부터 오다(도착하다)	예) J'arrive du bureau. 나는 사무실로부터 온다.
retourner à ~로 돌아오다	예) Je retourne au bureau. 나는 사무실로 돌아온다.
monter dans + 교통수단 ~ 안으로 타다	예) Je monte dans le bus. 나는 버스에 오른다.
descendre de + 교통수단 ~로부터 내리다	예) Je descends de la voiture. 나는 자동차에서 내린다.

Jour 13 Je vais à Paris. 139

도전! 실전 회화

🎧 MP3 13-08 들어 보기   🎤 MP3 13-09 회화 훈련

 Salut Jina ! Ça va ?

 Salut Paul ! Ça va bien, merci. Et toi ?

 Pas mal, merci. Jina, tu viens d'où ?

 Je viens du cinéma. Et toi, tu vas où ?

 Je vais à Paris maintenant.
Je viens du bureau.

 Wow! Moi, je vais chez moi.
Bonne route !

 Merci ! Bonne soirée !

 Merci. À toi aussi !

 Ciao!

1. Bonne route !
'좋은 여정이 되렴'이라는 뜻의 응원의 인사로, Bon voyage !(즐거운 여행이 되렴!)와도 같은 뜻입니다.

2. 방향 말하기
- Aller à + 장소 : ~로 가다
- Venir de + 장소 : ~로 부터 돌아오다

폴	안녕, 지나야! 잘 지내?
지나	안녕, 폴! 잘 지내, 고마워. 넌?
폴	나쁘지 않아. 고마워. 지나야, 어디서 오는 길이야?
지나	영화관에서 오는 길이야. 넌 어디 가니?
폴	난 지금 파리에 가. 사무실에서 나오는 길이고.
지나	우와! 난 집에 가는 길이야. 즐거운 여행이 되길!
폴	고마워! 너도 즐거운 저녁 보내!
지나	고마워. 너도!
폴	안녕!

단어

salut 안녕	ça va ? 잘 지내?	pas mal 나쁘지 않아
venir de ~로부터 오다	d'où 어디로부터	cinéma 영화관 (남)
où 어디	Paris 파리	maintenant 지금
bureau 사무실 (남)	chez ~의 집에(서)	bon 좋은 (남) (bonne 여)
route 길, 도로 (여)	soirée 저녁(시간), 파티 (여)	ciao 안녕(헤어질 때)

Jour 13 Je vais à Paris. 141

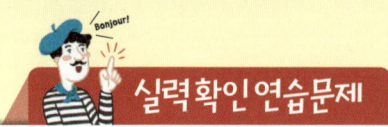

1 빈칸에 들어갈 말을 적고, 소리 내어 말해 보세요.

1 A: Tu _____ où ? 너 어디 가니?

    B: Je _____ à Paris. 난 파리에 가.

2 A: Vous _____ au supermarché aujourd'hui ? 너희들 오늘 슈퍼에 가니?

    B: Non, nous n' _____ pas au supermarché aujourd'hui.
    아니, 우리는 오늘 슈퍼에 안 가.

3 A: Tu _____ d'où ? 너 어디서 오는 길이야?

    B: Je _____ de chez moi. 나는 집에서 오는 길이야.

2 제시 단어들을 순서대로 배열해서 문장을 만들어 보세요.

1 나는 영화관에 간다. [Je / au / vais / cinéma]

→ _____

2 그들은 한국에서 왔다. [de / Ils / viennent / Corée]

→ _____

3 당신은 어디에 가나요? [Où est-ce que / allez / vous]

→ _____

정답
1 1. vas / vais 2. allez / allons 3. viens / viens
2 1. Je vais au cinéma. 2. Ils viennent de Corée. 3. Où est-ce que vous allez ?

프랑스 대표 빵, 바게트

> 프랑스의 맛있는 바게트~

빵의 국가인 프랑스이지만, 그 가운데 바게트는 에펠탑과 더불어 프랑스의 가장 중요한 상징 중 하나입니다. 필요한 재료는 밀가루, 소금, 물, 이스트뿐이지만 제대로 된 맛을 내기는 까다롭다고 합니다. 프랑스인들은 오전에 주로 바게트나 크루아상(초승달 모양의 빵)을 진하게 탄 코코아나 커피에 찍어 먹습니다. 점심과 저녁에는 바게트를 메인 요리의 소스에 찍어 곁들여 먹고, 후에 제공되는 갖가지 치즈를 식사 후 남은 빵에 발라 먹습니다. 빵집에서는 매일 일정한 양의 바게트를 구워 내는데, 남는 빵을 처리하는 방법이 상당히 비밀스럽습니다. 제가 만난 한 빵집 주인은 조금씩 남는 빵을 비둘기 모이로 기부한다고 했고, 또 한 빵집 주인은 저녁 여섯시 반부터는 남은 바게트를 반값에 판매했습니다.

Jour 14
Je fais du sport.
나는 운동을 해.

월   일

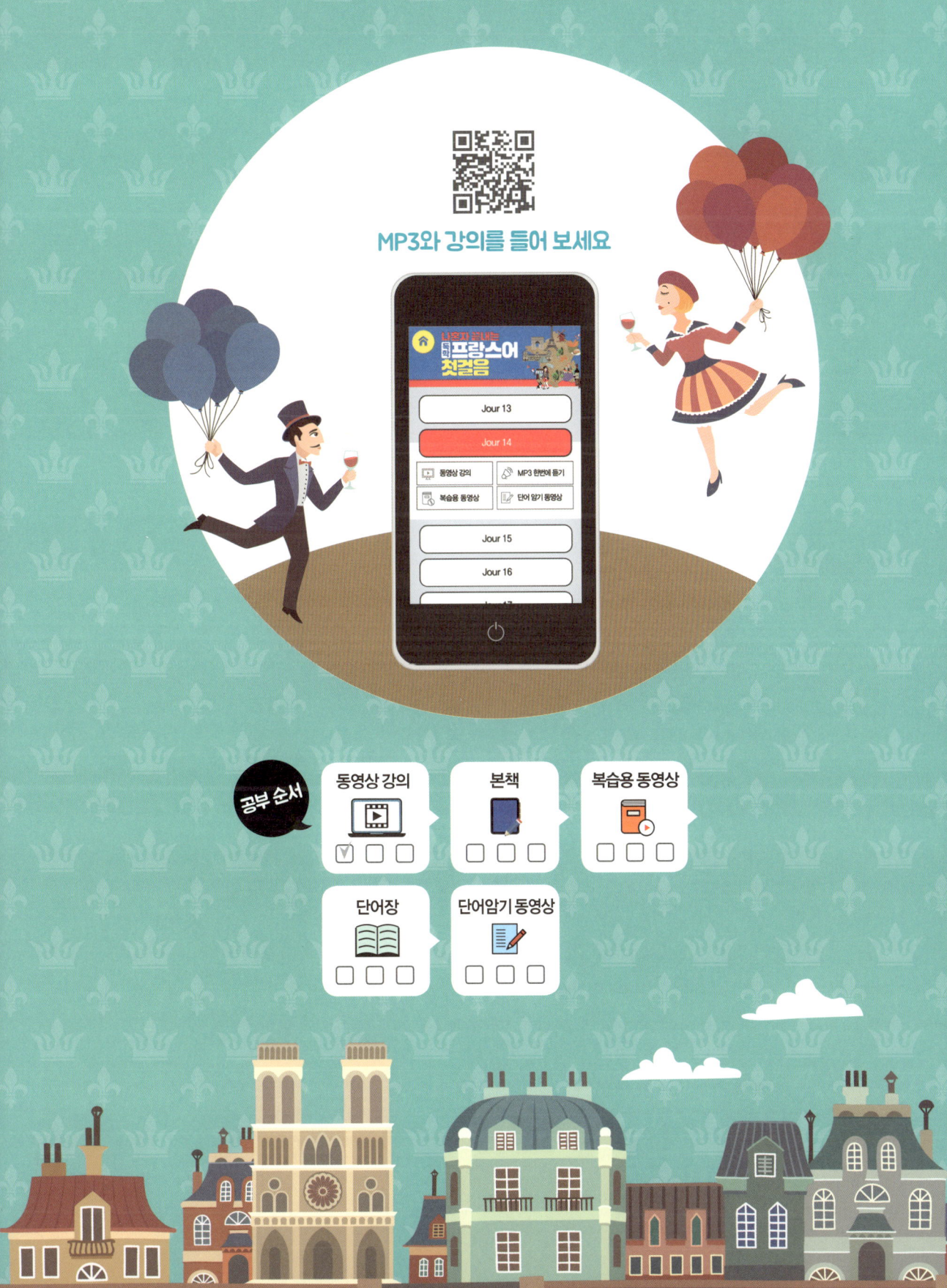

핵심 문장 익히기

1

🎧 MP3 14-01 들어 보기   🎤 MP3 14-02 회화 훈련

Je fais la cuisine. 나는 요리를 한다.

★ 3군 동사 faire: ~을 하다

faire은 '~을 하다'라는 뜻의 3군 변칙동사입니다. 일상적인 집안일 등을 표현할 때 faire 동사가 빈번하게 사용됩니다. 중요한 동사이니 꼭 암기하세요.

단수	Je fais ~	나는 ~을 한다
	Tu fais ~	너는 ~을 한다
	Il/Elle fait ~	그/그녀는 ~을 한다
복수	Nous faisons ~	우리는 ~을 한다
	Vous faites ~	너희들(당신, 당신들)은 ~을 한다
	Ils/Elles font ~	그들/그녀들은 ~을 한다

예) faire la vaisselle 설거지를 하다
faire les courses 장을 보다
faire son lit 침대를 정리하다
faire le ménage 청소를 하다
faire la lessive 빨래를 하다

☕ **faire son lit**

faire son lit은 '~의 침대를 정리하다'라는 뜻으로, 이 표현을 사용할 때는 명사 앞에 관사보다 소유형용사를 쓰는 경향이 있습니다.

단어

faire ~을 하다
cuisine 요리 여
vaisselle 식기류, 더럽혀진 식기 여
courses 장보기, 쇼핑 여 복
lit 침대, 침구 남
ménage 집안일, 집안 청소 남
lessive 세탁, 빨래 여

공부한 내용을 확인해 보세요!

❶ Je _____ la cuisine. 나는 요리를 한다.

❷ Il _____ la vaisselle. 그는 설거지를 한다.

정답
① fais ② fait

🎧 MP3 14-03 들어 보기   🎤 MP3 14-04 회화 훈련

2

A **Qu'est-ce que tu fais dans la vie ?**
넌 무슨 일을 하니?

B **Je fais mes études de droit.**
법을 공부하고 있어.

★ Qu'est-ce que tu fais ? : 너는 무엇을 하니?

Qu'est-ce que ~?는 '무엇 ~?'이라는 의미입니다. 여기에 '~을 하다'라는 의미의 동사 faire를 함께 쓰면 직업이나 하는 일을 묻는 표현이 됩니다.

예 A: Qu'est-ce que tu fais dans la vie ? 넌 무슨 일을 하니?
   B: Je suis policier. 저는 경찰입니다.
   A: Qu'est-ce qu'il fait dans la vie ? 그는 무슨 일을 하니?
   B: Il fait de la musique. 그는 음악을 해.

★ 3군 동사 faire: ~을 전공하다

faire 동사는 전공을 소개할 때 사용하기도 합니다. 'faire ses(des) études + de + 전공 과목명'으로 표현하면 '~을 전공하다'라는 의미가 됩니다.

예 Elle fait ses études de littérature. 그녀는 문학을 전공하고 있다.
   Ils font des études d'histoire. 그들은 역사를 전공하고 있다.

 **직업을 묻는 표현**

직업을 묻는 표현으로 Quelle est votre profession? (당신의 직업은 무엇입니까?)가 있지만, 보통 Qu'est-ce que vous faites dans la vie?(당신은 삶 속에서 무슨 일을 하나요?)로 더 완곡하게 표현합니다.

 단어

dans la vie 인생에서
études 학업 여 복
droit 법 남
policier 경찰 남
  (policière 여)
musique 음악 여
littérature 문학 여
histoire 역사 여

공부한 내용을 확인해 보세요!

❶ Je fais des études de _____. 나는 법을 공부하고 있습니다.

❷ Nous faisons des études de _____.
우리는 문학을 공부하고 있습니다.

 정답
① droit ② littérature

Jour 14 Je fais du sport. **147**

핵심 문장 익히기

3

🎧 MP3 14-05 들어 보기   🎤 MP3 14-06 회화 훈련

A **Tu fais du sport tous les jours ?**
넌 매일 운동해?

B **Oui, je fais de la natation tous les matins.** 응, 매일 아침 수영을 해.

★ 3군 동사 faire: ~(예체능)을 하다

'faire + 부분관사(du, de la, des) + 예체능'으로 표현하면 '~(예체능)을 하다'라는 의미가 됩니다.

du foot 축구	du tennis 테니스	du vélo 자전거
de la natation 수영	du ski 스키	du golf 골프
du piano 피아노	du violon 바이올린	du violoncelle 첼로

예) faire du sport 운동을 하다
    faire de la peinture 그림을 그리다
    faire de la musique 음악을 하다

 공부한 내용을 확인해 보세요!

❶ Je fais de la _____. 나는 수영을 한다.

❷ Nous faisons du _____. 우리는 피아노를 연주한다.

 단어
sport 운동 남
natation 수영 여
matin 아침 남
peinture 그림 여

 정답
① natation ② piano

반복·지속되는 시간 단위

🎧 MP3 14-07

★ 반복과 지속되는 시간의 단위 표현하기: tous, tout, toute, toutes
★ chaque: 각각의, ~마다

tous les jours 매일
tous les matins 매일 아침
tous les soirs 매일 저녁

toutes les semaines 매주

tous les mois 매달
(= chaque mois)

tous les ans 매년
(= chaque année)

toute la journée 하루 종일

toute la semaine 한주 내내
tout le mois 한달 내내
toute l'année 일년 내내

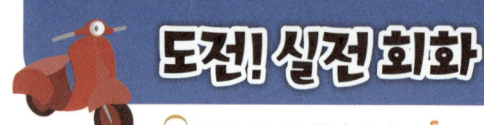

도전! 실전 회화

MP3 14-08 들어 보기   MP3 14-09 회화 훈련

 Paul, qu'est-ce que tu fais ?

 Je fais le ménage. Et toi ?

 Moi, je fais les courses avec Alex.

 Ah ton ami Alex !
Qu'est-ce qu'il fait dans la vie ?

 Il fait ses études de droit.

 Okay.

 Qu'est-ce que tu fais demain ?
Tu viens chez moi ?

 Désolé. Je fais de la natation demain.

 Ah bon ? Tant pis !

지나	폴, 뭐 하고 있어?
폴	청소 중이야. 넌?
지나	난 알렉스랑 장 보고 있어.
폴	네 친구 알렉스! 걔는 무슨 일을 해?
지나	법 공부를 하고 있어.
폴	아 그래?
지나	내일 뭐 해? 우리 집에 올래?
폴	미안. 나는 내일 수영 가.
지나	그래? 할 수 없지!

단어

faire ~을 하다
avec ~와 함께
dans la vie 인생에서
demain 내일
tant pis 어쩔 수 없지

ménage 집안 청소 남
ton, ta, tes 너의
études 학업 여 복
désolé(e) 미안해

courses 식료품 구입 여 복
ami 친구 남 (amie 여)
droit 법 남
natation 수영 여

Jour 14 Je fais du sport.

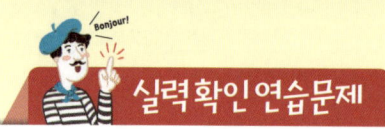

실력확인연습문제

1 빈칸에 들어갈 말을 적고, 소리 내어 말해 보세요.

1. A: Je _____ la cuisine. 나는 요리를 한다.

   B: Tu _____ aussi la lessive ? 넌 빨래도 하니?

2. A: Vous _____ les courses ce soir ? 너희들 오늘 저녁에 장 보니?

   B: Oui, nous _____ les courses ce soir. 응, 우리 오늘 저녁에 장 봐.

3. A: Il _____ du piano. 그는 피아노를 연주한다.

   B: Elles _____ de la peinture. 그녀들은 그림을 그린다.

2 제시 단어들을 순서대로 배열해서 문장을 만들어 보세요.

1. 너는 무슨 일을 하니? [dans / fais / la / qu'est-ce que / vie / tu]

   → _____

2. 나는 법을 공부하고 있어. [études / droit / de / je / fais / mes]

   → _____

3. 우리는 매일 수영을 해. [tous les jours / de la natation / nous / faisons]

   → _____

정답 **1** 1. fais / fais 2. faites / faisons 3. fait / font
2 1. Qu'est-ce que tu fais dans la vie ? 2. Je fais mes études de droit.
3. Nous faisons de la natation tous les jours.

저녁식사에 초대받았을 때

> 작은 선물을 가지고 가세요~

프랑스인들에게 개인의 사생활이 활짝 드러나는 가정집으로 식사 초대를 받는다는 것은, 친밀한 관계임을 나타내거나 혹은 그 사람에게 내가 중요한 사람이라는 것을 상징적으로 나타내는 것입니다. 프랑스인들은 보편적으로 저녁 8시를 전후해서 식사를 들기 시작합니다. 한국의 일상적인 저녁식사 시간에 비하면 조금 늦은 편입니다. 프랑스 가정에 식사 초대를 받게 되면 빈손으로 가기보다는 작은 선물을 들고 가는 것이 좋습니다. 초콜릿이나 케이크, 꽃 등이 가장 무난하게 상대방의 초대에 성의를 표하는 선물이 될 것입니다. 상대방이 난감할 수 있는 민감한 사적인 질문이나 혹은 정치, 종교적인 주제의 대화는 삼가는 것이 식사 테이블 대화의 기본 매너라는 것을 잊지 마세요.

Jour 15
Il y a un chat.
고양이 한 마리가 있습니다.

월   일

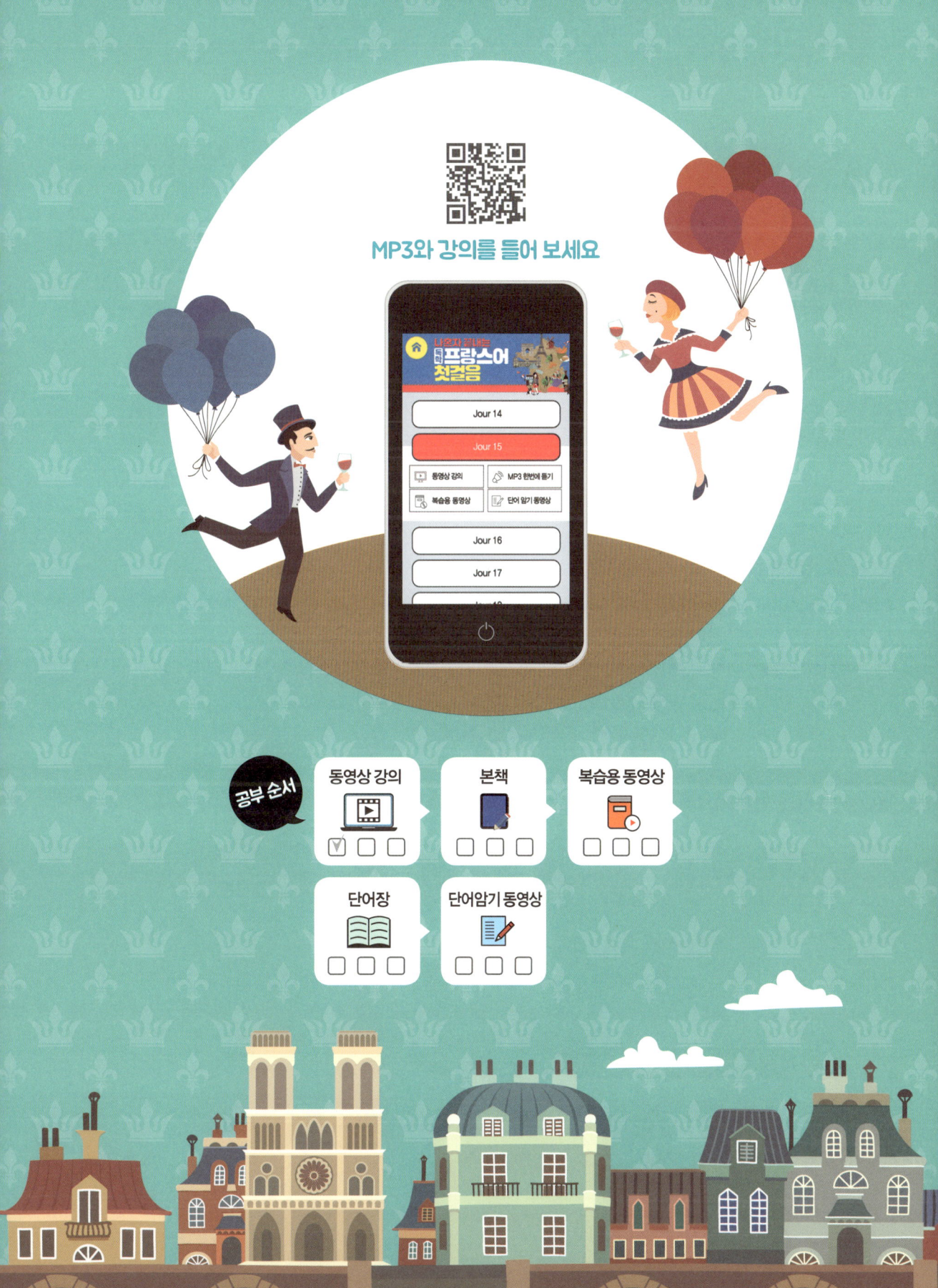

핵심 문장 익히기

1

🎧 MP3 15-01 들어 보기   🎤 MP3 15-02 회화 훈련

Il y a un chat dans ma chambre.
고양이 한 마리가 내 방 안에 있다.

★ Il y a + 명사: ~가 있다

영어의 There is, There are와 유사한 표현입니다. 비인칭 주어이므로 복수형이 없습니다.

예) Il y a un garçon dans le salon. 거실에 한 소년이 있다.
　　Il y a trois euros dans ma poche. 내 주머니에 3유로가 있어.

★ mon / ma / mes: 나의 ~

소유를 나타내는 형용사 mon, ma, mes는 반드시 명사 앞에 위치합니다. 피소유물의 성과 수에 따라 3가지 타입 '남성 단수', '여성 단수', '복수'로 사용된다는 것을 기억하세요. 참고 76쪽

예) Il y a mon chien. 내 개가 있다. (내 소유의 개 한 마리)
　　Il y a mes chiens. 내 개들이 있다. (내 소유의 개 여러 마리)

☕ Il y a 부정문

Il y a ~ 구문의 부정문은 Il n'y a pas ~입니다. Il y a 뒤에 오는 명사가 부정관사, 부분관사와 함께 쓰일 때 관사는 부정의 de로 바뀝니다.

예) Il y a une télé dans le salon.
　　거실에 TV가 있다.
　　→ Il n'y a pas de télé dans le salon. [부정문]
　　거실에 TV가 없다.

🎨 단어

chat 고양이 (남)
dans ~ 안에, ~에서
chambre 방 (여)
garçon 소년 (남)
salon 거실 (남)
trois 숫자 3, 3의
euro 유로 (남)
poche 주머니 (여)
chien 개 (남)
parc 공원 (남)
télé 텔레비전 (여)

 공부한 내용을 확인해 보세요!

❶ _____ un chien dans le parc. 공원 안에 개 한 마리가 있다.

❷ Un chat est dans _____ chambre.
　한 마리의 고양이가 내 방 안에 있다.

정답
①Il y a ②ma

🎧 MP3 15-03 들어 보기　🎤 MP3 15-04 회화 훈련

2

Le chat regarde le gâteau sur la table. 고양이가 테이블 위 과자를 쳐다본다.
Il passe sous la table. 그는 테이블 아래로 지나간다.

★ sur ~ 위에 ↔ sous ~ 아래에

사람이나 사물의 위치를 묘사할 때 쓸 수 있는 전치사입니다. sur은 영어의 on처럼 위에 있는 것을 나타내고, sous는 under처럼 아래 있는 것을 나타냅니다.

예) Mon sac est sur la chaise.　내 가방은 의자 위에 있다.
　　Ses chaussures ne sont pas sous le lit.　그의 신발은 침대 아래에 없다.

★ 1군 동사 passer: ~로 지나가다, ~(시간을) 보내다

1군 동사 passer는 규칙동사입니다. 뒤에 전치사와 함께 장소가 나오면 '~로 지나가다'라는 의미로 쓰이고, 뒤에 시간이 함께 나오면 '~(시간을) 보내다'라는 의미가 됩니다. 어미는 -e/-es/-e/-ons/-ez/-ent로 규칙 변화합니다.

참고 1군 동사 46~49쪽

1. passer + 전치사 + 장소: ~로 지나가다
　예) Mon voisin passe sous le pont.　내 이웃이 다리 아래로 지나간다.

2. passer + 시간: ~(시간을) 보내다
　예) Je passe un bon week-end.　나는 즐거운 주말을 보내고 있다.

☕ regarder (바라보다)

regarder는 '~을 바라보다'라는 의미의 1군 규칙동사입니다.

🎨 단어

regarder 바라보다
gâteau 과자 남 (gâteaux 복)
sur ~ 위에
table 테이블 여
passer ~로 지나가다
sous ~ 아래에
sac 가방 남
chaise 의자 여
chaussure 신발 여
lit 침대 남
voisin 이웃 남 (voisine 여)
pont 다리, 교량 남
bon 즐거운, 좋은 남 (bonne 여)
week-end 주말 남

공부한 내용을 확인해 보세요!

❶ Je regarde le sac _____ la table.
　나는 테이블 위 가방을 바라본다.

❷ Mon chat passe _____ le pont.
　내 고양이가 다리 아래로 지나간다.

정답 ① sur ② sous

핵심 문장 익히기

🎧 MP3 15-05 들어 보기 🎤 MP3 15-06 회화 훈련

3

Un pot de fleurs est devant le lit.
꽃 화분 하나가 침대 앞에 있다.

Mon chat dort derrière le pot de fleurs.
내 고양이는 그 화분 뒤에서 잠을 잔다.

★ 3군 동사 dormir: 자다

dormir는 '자다'라는 뜻의 3군 동사입니다. 불규칙 변화를 하기 때문에 변화 형태를 잘 알아 두어야 합니다.

단수	Je dors Tu dors Il/Elle dort	나는 잔다 너는 잔다 그/그녀는 잔다
복수	Nous dormons Vous dormez Ils/Elles dorment	우리는 잔다 너희들(당신, 당신들)은 잔다 그들/그녀들은 잔다

★ devant ~앞에 ↔ derrière ~뒤에

devant는 영어의 in front of처럼 앞에 있는 것을 나타내고, derrière는 behind처럼 뒤에 있는 것을 나타냅니다.

예) Tu es devant la poste ? 너 우체국 앞에 있니?
　　Un grand arbre est derrière le salon de coiffure.
　　큰 나무 한 그루가 미용실 뒤에 있다.

☕ se trouver

보통 être 동사와 장소 전치사 이용하여 위치를 나타내지만, se trouver와 같은 대명동사를 사용하여 표현할 수도 있습니다.

예) Je me trouve devant le café. 나는 카페 앞에 있다.

🎨 단어

pot 화분 (남)
fleur 꽃 (여)
devant ~앞에
dormir 자다
derrière ~뒤에
poste 우체국 (여)
grand 큰 (남) (grande (여))
arbre 나무 (남)
salon de coiffure 미용실 (남)
boulangerie 빵집, 빵가게 (여)
se trouver ~에 있다
café 카페 (남)

공부한 내용을 확인해 보세요!

❶ Un chat est _____ la boulangerie.
　 고양이 한 마리가 빵집 앞에 있다.

❷ Il est _____ un arbre. 그는 나무 뒤에 있다.

정답
① devant ② derrière

위치를 나타내는 전치사(구)

🎧 MP3 15-07

à ~에, ~로	예) Je vais à l'ecole. 나는 학교에 간다.
de ~로 부터	예) Tu viens de la poste ? 너는 우체국에서 오는 길이니?
dans ~ 안에	예) Il est dans une boîte. 그는 박스 안에 있다.
sur ~ 위에	예) Elle est sur le pont. 그녀는 다리 위에 있다.
sous ~ 밑에	예) Nous sommes sous la pluie. 우리는 비 아래에 있다. (= 우리는 비를 맞고 있다.)
devant ~ 앞에	예) Vous êtes devant le supermarché ? 당신은 슈퍼마켓 앞에 있나요?
derrière ~ 뒤에	예) Ils sont derrière la porte. 그들은 문 뒤에 있다.
par ~(을)를 통하여	예) Anne regarde un chien par la fenêtre. 안느는 창문을 통해 개 한 마리를 쳐다본다.
chez ~의 집에	예) Paul est chez Anne. 폴은 안느 집에 있다.

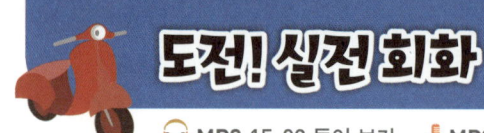 도전! 실전 회화

🎧 MP3 15-08 들어 보기   🎤 MP3 15-09 회화 훈련

 Comment est ta chambre ?

 Il y a un chat dans ma chambre.
Il regarde le gâteau sur la table.
Oh ! Il passe sous la table.
Il y a un pot de fleurs devant le lit.
Et maintenant le chat dort derrière le pot.

 Il est comment ?

 Il est petit et bleu. Il est beau.

 C'est ton chat ?

 Non, mon chat est dans le salon.
C'est le chat de mon voisin.

폴	네 방은 어떻니?
지나	고양이 한 마리가 내 방 안에 있어.
	그는 테이블 위의 과자를 바라보고 있어.
	오! 그는 테이블 아래를 지나가.
	꽃 화분이 침대 앞에 있어.
	그리고 지금 고양이는 화분 뒤에서 잠을 자.
폴	고양이는 어떻게 생겼어?
지나	그는 작고 파란색이야. 잘생겼어.
폴	네 고양이니?
지나	아니, 내 고양이는 거실에 있어.
	이 고양이는 내 이웃의 고양이야.

단어

- **comment** 어떻게
- **dans** ~안에
- **sur** ~위에
- **sous** ~아래에
- **devant** ~앞에
- **dormir** 자다
- **bleu** 파란 남 (bleue 여)
- **chambre** 방 여
- **regarder** 바라보다
- **table** 테이블 여
- **pot** 화분 남
- **lit** 침대 남
- **derrière** ~뒤에
- **salon** 거실 남
- **chat** 고양이 남
- **gâteau** 과자 남 (gâteaux 복)
- **passer** (시간을) 보내다, ~로(을) 지나가다
- **fleur** 꽃 여
- **maintenant** 지금
- **petit** 작은 남 (petite 여)
- **voisin** 이웃 남 (voisine 여)

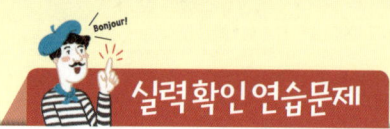

실력확인연습문제

1 빈칸에 들어갈 말을 적고, 소리 내어 말해 보세요.

1. A: **Je suis _____ la chambre.** 나는 방 안에 있어.

   B: **Le chat est _____ la table ?** 고양이가 테이블 위에 있니?

2. A: **Il passe _____ le lit ?** 그가 침대 아래로 지나가니?

   B: **Non, il passe _____ le lit.** 아니, 그는 침대 위로 지나가고 있어.

3. A: **Ils sont _____ la boulangerie.** 그들은 빵집 앞에 있어.

   B: **Je suis _____ un grand arbre.** 나는 큰 나무 뒤에 있어.

2 제시 단어들을 순서대로 배열해서 문장을 만들어 보세요.

1. 나는 내 방 안에 있어. [chambre / je / dans / suis / ma]

   → _____

2. 그는 다리 위를 지나간다. [passe / sur / le / pont / il]

   → _____

3. 고양이는 의자 뒤에서 자고 있어. [derrière / dort / le chat / la chaise]

   → _____

정답
1 1. dans / sur 2. sous / sur 3. devant / derrière
2 1. Je suis dans ma chambre. 2. Il passe sur le pont. 3. Le chat dort derrière la chaise.

프랑스인의 반려동물 사랑

반려동물은 사랑입니다~

6600만의 프랑스인은 유럽에서 가장 많은 반려동물(6000만 마리)과 삶을 나누고 있습니다. 개, 고양이, 햄스터, 토끼 등 다양합니다만, 그 가운데에서도 가장 많은 사랑을 받고 있는 동물은 단연 으뜸 고양이입니다. 생김새가 예쁜 아가씨처럼 매력적이고 양육 비용도 적게 들고, 고양이의 청결한 습성 덕에 키우기에 손이 덜 간다는 장점이 있기 때문일 것입니다. 반면, 뜨거운 사랑만큼이나 매년 급증하는 유기 동물은 큰 사회적 문제입니다. 다만 어느 선진국가보다도 동물 기본권이 체계적인 시스템 아래에서 보장되어 있으며, 이 문제를 해결하기 위해 정부 및 각종 단체에서 적극적인 고민과 실천을 하고 있습니다. 이는 기타 국가들에게 좋은 본보기가 될 것입니다.

Jour 16
Il fait beau !
날씨가 화창하군!

월 일

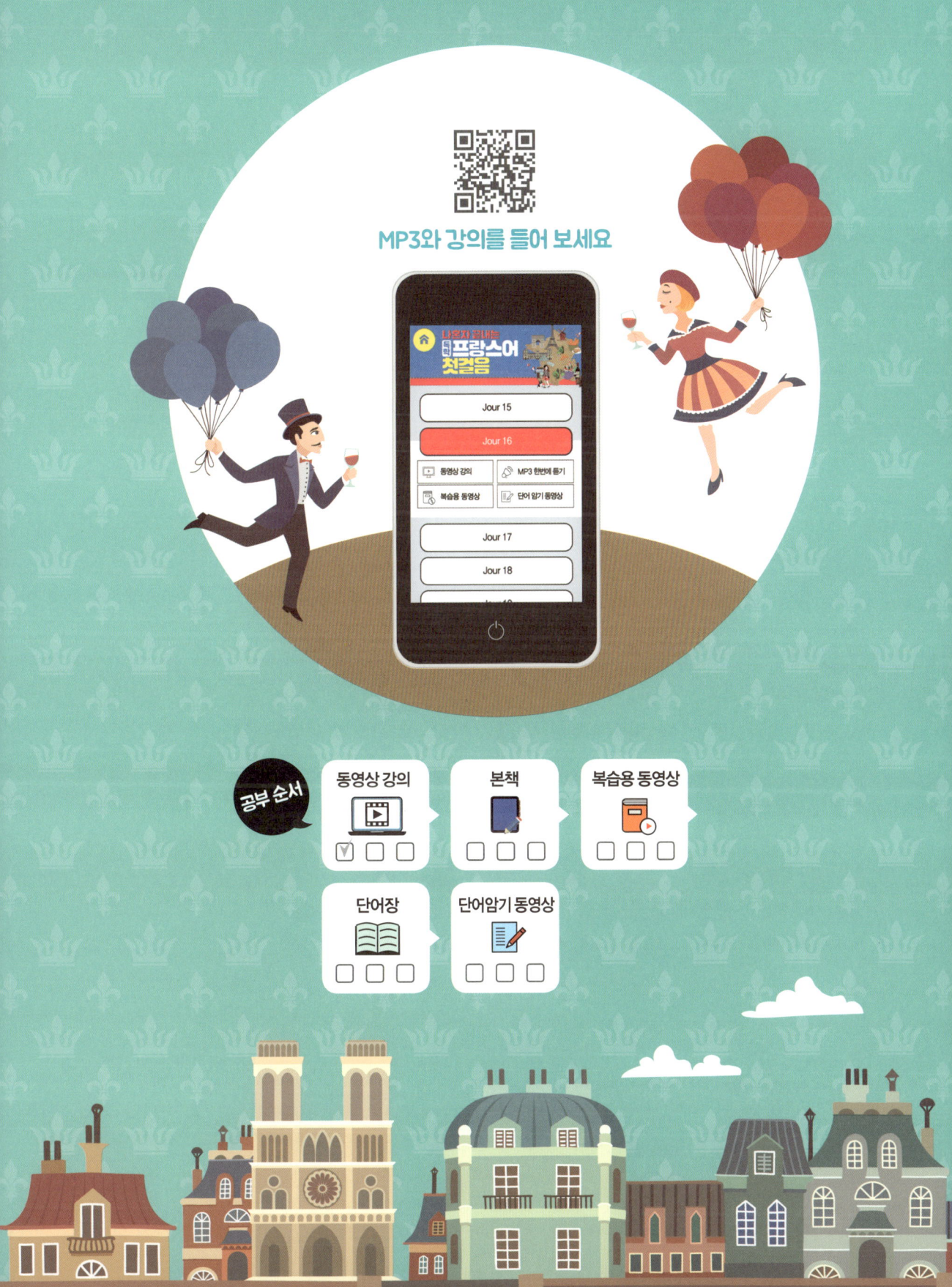

핵심 문장 익히기

🎧 MP3 16-01 들어 보기   🎤 MP3 16-02 회화 훈련

1

Il fait beau !   날씨가 화창해!

★ Il + faire + 형용사: 날씨가 ~해

비인칭 주어(il)를 사용할 때는 동사는 3인칭 단수(il/elle)로만 활용합니다. 따라서 faire 동사로 날씨를 표현할 때는 Il fait의 형태만 쓸 수 있습니다.

예) Il fait bon.   날씨가 좋다.
    Il fait chaud.   날씨가 덥다.
    Il fait doux.   날씨가 온화하다.
    Il fait mauvais.   날씨가 나쁘다.
    Il fait froid.   날씨가 춥다.
    Il fait gris.   날씨가 흐리다.

★ 날씨를 표현하는 다른 방법

1. 비인칭 주어 + 동사

비인칭 주어만 받는 동사인 neiger(눈이 오다), pleuvoir(비가 오다)로도 날씨를 표현할 수 있습니다.

예) Il neige.   눈이 내린다.
    Il pleut.   비가 내린다.

2. Il y a + 부분관사 + 명사

'Il y a + 명사'는 '~가 있다'라는 뜻인데, 날씨를 나타내는 명사를 넣어 날씨를 표현할 수 있습니다. 바람이나 구름 등은 셀 수 없는 물질명사이므로 앞에 부분관사를 사용합니다.

예) Il y a du vent.   바람이 분다.
    Il y a des nuages.   구름이 꼈다.

☕ 날씨 묻기

날씨를 물을 때는 주로 의문 형용사를 사용합니다.

예) Quel temps fait-il aujourd'hui ?
오늘 날씨 어때?

🎨 단어

faire ~하다
beau 아름다운, 화창한 (남) (belle 여)
bon 좋은 (남) (bonne 여)
chaud 따뜻한, 뜨거운 (남) (chaude 여)
doux 순한, 온화한 (남) (douce 여)
mauvais 나쁜 (남) (mauvaise 여)
froid 찬, 차가운, 추운 (남) (froide 여)
gris 우중충한 (grise 여)
neiger 눈이 오다
pleuvoir 비가 오다
vent 바람 (남)
nuage 구름 (남)
quel 어떤 (남) (quelle 여)
temps 날씨 (남)

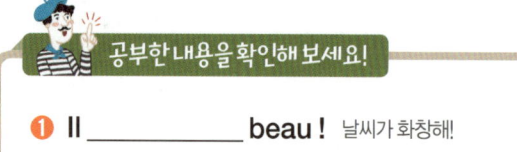

① Il _____ beau !   날씨가 화창해!
② Il fait _____ !   날씨가 안 좋아!

정답
① fait   ② mauvais

🎧 MP3 16-03 들어 보기 🎤 MP3 16-04 회화 훈련

2

Ⓐ **Il fait plus doux qu'hier !** 어제보다 날씨가 더 온화해!
Ⓑ **C'est vrai. Il fait moins froid qu'hier !** 맞아. 어제보다 덜 춥네!

★ 형용사 비교급

형용사 앞에 부사 plus(~보다 더), aussi(또한, 역시), moins(덜, 더 적게)를 쓰면 성질과 상태의 비교를 나타내는 표현이 됩니다. 비교 대상 앞에는 que를 씁니다. 참고 232쪽

plus		더 ~한
aussi	+형용사+ que	~만큼 …한
moins		덜 ~한

예 Je suis plus courageuse que mon copain. 나는 남자친구보다 더 용기 있어.
Nous ne sommes pas aussi occupés que toi. 우리는 너만큼은 바쁘지 않아.
Vous êtes moins sincère que Paul ! 당신은 폴보다 덜 솔직하군요!

★ 'plus + 형용사'(우등비교)에서 형태가 바뀌는 경우

1. **plus + bon(ne) → meilleur(e)**: 더 좋은, 더 맛있는
   예 Le burger est meilleur que le sandwich. 버거가 샌드위치보다 더 맛있다.

2. **plus + mauvais(e) → pire**: 더 나쁜, 더 해로운
   예 La violence est pire que le mensonge. 폭력이 거짓말보다 나쁘다.

🎨 **단어**
hier 어제
vrai 사실의 남 (vraie 여)
courageux 용감한 남 (courageuse 여)
copain 남자 친구 남
copine 여자 친구 여
occupé 바쁜 남 (occupée 여)
sincère 솔직한
meilleur 더 나은, 더 좋은, 더 맛있는 남 (meilleure 여)
burger 햄버거 남
sandwich 샌드위치 남
pire 더 나쁜, 더 해로운
violence 폭력 여
mensonge 거짓말 남

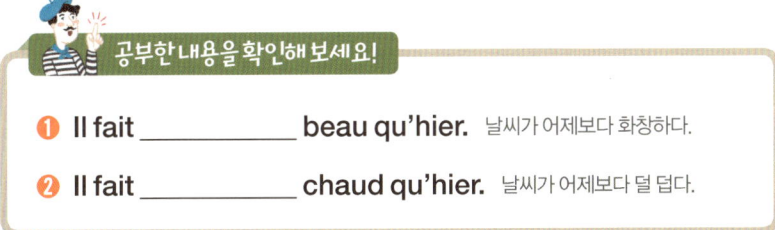

공부한 내용을 확인해 보세요!

❶ Il fait _____ beau qu'hier. 날씨가 어제보다 화창하다.
❷ Il fait _____ chaud qu'hier. 날씨가 어제보다 덜 덥다.

정답
① plus ② moins

핵심 문장 익히기

3

🎧 MP3 16-05 들어 보기   🎤 MP3 16-06 회화 훈련

A On prend un café en terrasse ?
테라스에서 커피 한잔할까?

B Avec plaisir ! 기꺼이!(= 완전 좋지!)

★ 3군 동사 prendre: 잡다, 착용하다, 마시다, 먹다

prendre는 faire 동사와 더불어 일상 회화에서 매우 빈번하게 사용됩니다. 변칙동사이며 '잡다', '착용하다', '마시다', '먹다' 등의 여러 가지 의미로 쓰입니다.

단수	Je prends ~	나는 ~를 잡는다/착용한다/마신다/먹는다
	Tu prends ~	너는 ~를 잡는다/착용한다/마신다/먹는다
	Il/Elle prend ~	그/그녀는 ~를 잡는다/착용한다/마신다/먹는다
복수	Nous prenons ~	우리는 ~를 잡는다/착용한다/마신다/먹는다
	Vous prenez ~	너희들(당신, 당신들)은 ~를 잡는다/착용한다/마신다/먹는다
	Ils/Elles prennent ~	그들/그녀들은 ~를 잡는다/착용한다/마신다/먹는다

★ 제안과 수락의 표현

Ça te dit ?은 dire(말하다) 동사를 이용한 관용적 표현입니다. '마음에 드니?', '그렇게 할까?'라는 의미입니다.

예) Je vais au cinéma, ce soir. Ça te dit ?
오늘 저녁에 영화관 갈 건데, 너도 갈래?

Avec plaisir !는 매우 적극적인 수락의 표현입니다.

예) A: Tu viens chez moi ce soir ? 오늘 저녁에 우리 집으로 올래?
B: Avec plaisir ! 기꺼이!(= 완전 좋지!)

 왕초보 탈출 팁

음료를 마신다는 것을 표현할 때 prendre 동사를 사용할 수 있습니다.

예) prendre un café 커피를 마시다
prendre une bière 맥주를 마시다
prendre un chocolat chaud 코코아를 마시다

 주격 인칭대명사 on

구어에서 주로 사용되는 on은 '우리'를 뜻하지만 동사는 3인칭 단수형을 사용합니다.

예) Nous nous rencontrons.
→ On se rencontre.
우리는 서로를 만난다.

 단어

on 우리
prendre 잡다, 착용하다, 마시다, 먹다
en terrasse 테라스에서
avec plaisir ! 기꺼이!
dire 말하다
vouloir 원하다
aller 가다
ce soir 오늘 저녁
venir 오다
chez ~의 집으로
bière 맥주 (여)
chocolat chaud 코코아 (남)

prendre 동사 표현

🎧 MP3 16-07

Je prends ça.
이것으로 사겠습니다.

Je prends un cours de français.
나는 프랑스어 수업을 들어.

Je prends le déjeuner.
나는 점심을 먹어.

Je prends une douche.
나는 샤워를 해.

Je prends froid.
나는 감기에 걸렸어.

Je prends un congé.
나는 휴가를 얻었어.

Je prends de l'argent à la banque.
나는 은행에서 돈을 찾는다.

Je prends l'air.
나는 바람을 쐰다.

Je prends le taxi.
나는 택시를 탄다.

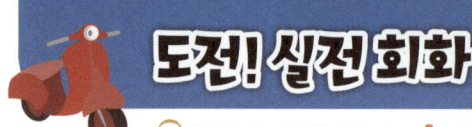
도전! 실전 회화

🎧 MP3 16-08 들어 보기   🎤 MP3 16-09 회화 훈련

 Paul Il fait beau ! Le ciel est clair.
Il fait plus doux qu'hier !

 Jina C'est vrai.
Il fait moins froid qu'hier !

 Paul Tu as un cours de français à 14 heures ?

 Jina Non, je n'ai pas de cours.

 Paul Jina, on prend un café en terrasse ?

 Jina Avec plaisir ! On y va ?

 **Paul** On y va !

부정의 de
부정관사(un/une/des)나 부분관사(du/de la/des)가 붙은 직접목적어는 부정문에서 관사가 de로 바뀝니다.

폴	날씨가 화창하다! 하늘이 참 맑구나. 어제보다 온화해!
지나	맞아. 어제보다 덜 추워!
폴	너 오후 2시에 프랑스어 수업 듣니?
지나	아니, 수업 없어.
폴	지나야, 테라스에서 커피 한잔할까?
지나	완전 좋아! 갈까?
폴	그래 가자!

단어

faire ~하다
clair 깨끗한 남 (claire 여)
hier 어제
froid 추운, 찬
à ~로, ~에
en terrasse 테라스에서

beau 아름다운 남 (belle 여)
plus ~보다 더
vrai 사실의, 정말의 남 (vraie 여)
cours 수업 남
heure 시간 여
on y va ! 가자!

ciel 하늘 남
doux 부드러운, 온화한 남 (douce 여)
moins 덜, 더 적게
français 프랑스어, 프랑스인 남
prendre 잡다, 먹다, 마시다…

Jour 16 Il fait beau !

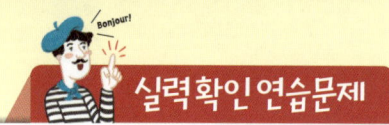

1 빈칸에 들어갈 말을 적고, 소리 내어 말해 보세요.

1 A: Il fait _____ ! 날씨가 좋네!

   B: Oui, il fait moins _____ qu'hier. 응, 날씨가 어제보다 덜 덥다.

2 A: Il fait _____ doux qu'hier. 어제만큼은 온화하네.

   B: Mais, il fait _____ . 하지만 흐린걸.

3 A: Nous _____ un café en terrasse.
   우리는 테라스에서 커피 한잔하고 있어.

   B: Je _____ le déjeuner. 난 점심 먹어.

2 제시 단어들을 순서대로 배열해서 문장을 만들어 보세요.

1 날씨가 춥다. [froid / fait / il]

   → _____

2 어제만큼 날씨가 온화하구나. [il / qu'hier / aussi / doux / fait]

   → _____

3 커피 한잔할까? [prend / on / un / café]

   → _____

정답
1 1. beau / chaud 2. aussi / gris 3. prenons / prends
2 1. Il fait froid. 2. Il fait aussi doux qu'hier. 3. On prend un café ?

포도 따기 아르바이트

프랑스는 지구촌에서 가장 유명한 와인 생산국입니다. 포도가 전체 농산물의 약 10%를 차지할 정도입니다. 보편적으로 해가 가장 빨갛게 이글거리는 여름에 시작해서 초가을까지 여러 차례에 나누어 포도 수확을 합니다. 짧은 시기(3,4일~10일) 내 대량 수확을 하기 때문에 농장주들은 많은 일손을 필요로 합니다. 고된 노동이다 보니 기본 시급보다 조금 더 많이 지급되는 편입니다. 따라서 단기간을 이용하여 용돈을 벌고자 하는 학생들이 우르르 농장으로 몰려듭니다. 대체로 포도밭은 자연 한복판에 자리 잡고 있어서, 뜨거운 태양 아래 재배용 가위를 들고 신나게 싹둑싹둑 포도를 자르다 보면 금세 갈증이 찾아옵니다. 보통 농장주들은 물과 함께 자체 생산한 포도주를 무한 제공합니다. 대자연을 만끽하면서 돈도 벌고 원 없이 포도주를 '물처럼' 마시고 싶은 분은 반드시 도전해 보세요!

Jour 17
Je veux danser !
난 춤을 추고 싶어!

월   일

MP3와 강의를 들어 보세요

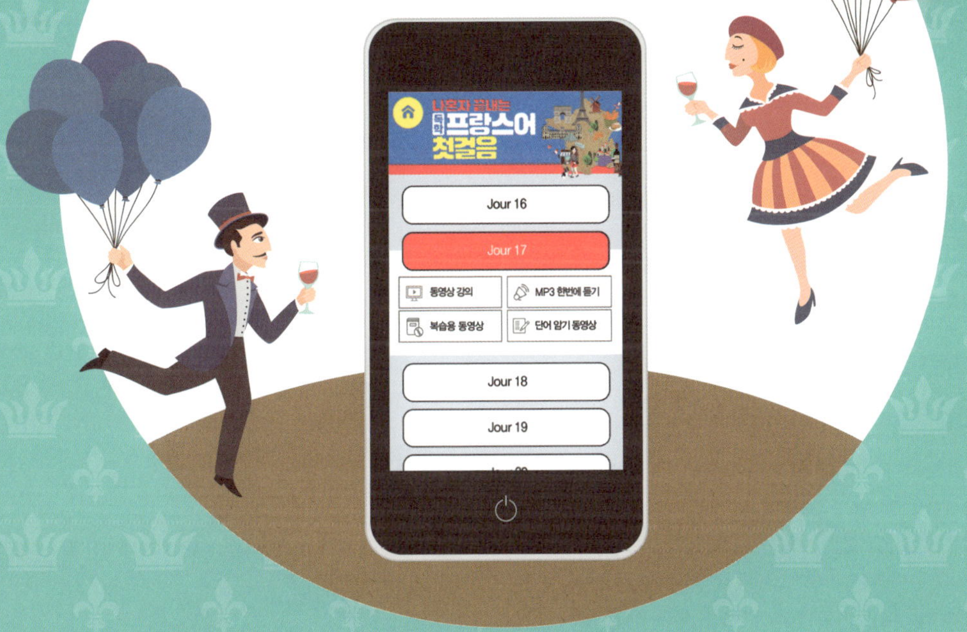

공부 순서

- 동영상 강의 ☑ ☐ ☐
- 본책 ☐ ☐ ☐
- 복습용 동영상 ☐ ☐ ☐
- 단어장 ☐ ☐ ☐
- 단어암기 동영상 ☐ ☐ ☐

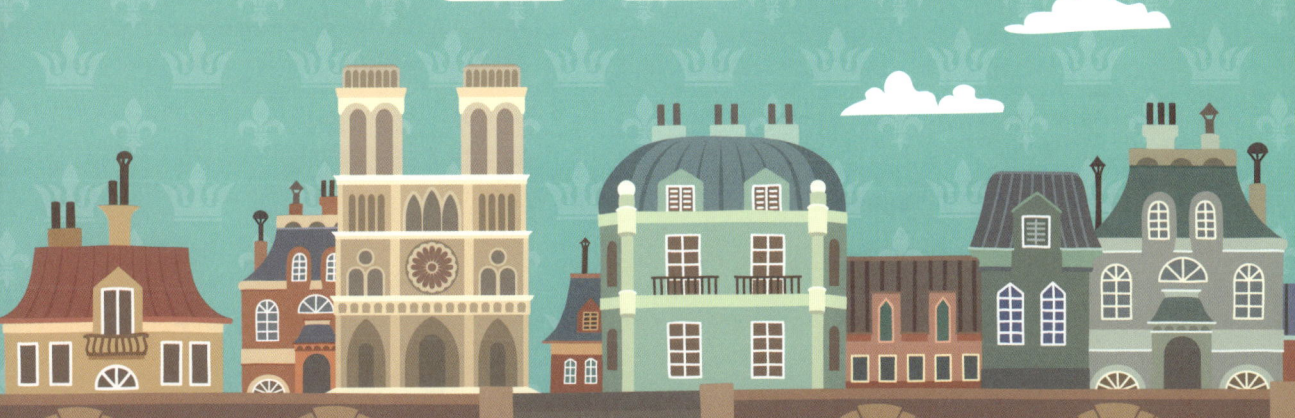

핵심 문장 익히기

MP3 17-01 들어 보기 　 MP3 17-02 회화 훈련

1

Je veux sortir ! 난 외출하고 싶어!

★ 3군 동사 vouloir: 원하다

vouloir는 '원하다'라는 뜻의 3군 동사입니다. 뒤에 동사원형을 써서 '~하기를 원해'라는 표현을 만들 수 있습니다. 불규칙 변화에 주의하세요.

단수	Je veux ~	나는 ~를 원한다
	Tu veux ~	너는 ~를 원한다
	Il/Elle veut ~	그/그녀는 ~를 원한다
복수	Nous voulons ~	우리는 ~를 원한다
	Vous voulez ~	너희들(당신, 당신들)은 ~를 원한다
	Ils/Elles veulent ~	그들/그녀들은 ~를 원한다

예) Paul **veut** aller au cinéma. 폴은 영화관에 가길 원해.
Nous ne **voulons** pas travailler. 우리는 일하기 싫어.
Ils **veulent** danser ! 그들은 춤추기를 원해!

★ Je voudrais + 명사/동사원형: ~하면 좋겠어요

뭔가를 공손하게 요청하는 표현입니다. 서비스를 요구할 때 매우 빈번하게 사용됩니다.

예) Je **voudrais** un café. 커피 한잔 부탁합니다.

sortir(외출하다)

sortir는 '외출하다'라는 뜻의 3군 변칙동사입니다.

| 단수 | Je sors
Tu sors
Il/Elle sort |
| 복수 | Nous sortons
Vous sortez
Ils/Elles sortent |

단어

vouloir 원하다
sortir 외출하다
aller au cinéma 영화관에 가다
travailler 일하다, 공부하다
danser 춤추다

 공부한 내용을 확인해 보세요!

❶ Je _____ danser ! 나는 춤추기를 원해.

❷ Nous _____ aller au cinéma. 우리는 영화관에 가길 원한다.

정답
① veux　② voulons

🎧 MP3 17-03 들어 보기   🎤 MP3 17-04 회화 훈련

2

A **Tu dois finir ton devoir, non ?**
넌 숙제를 끝내야 하지 않니?

B **Oui, mais je veux danser ce soir.**
맞아, 하지만 난 오늘 저녁 춤을 추고 싶어.

★ 3군 동사 devoir: ~해야 한다

devoir 뒤에 동사원형을 써서 '~해야 한다'라는 의무 표현을 만들 수 있습니다. 마찬가지로 불규칙 변화에 주의하세요.

단수	Je dois ~	나는 ~해야 한다
	Tu dois ~	너는 ~해야 한다
	Il/Elle doit ~	그/그녀는 ~해야 한다
복수	Nous devons ~	우리는 ~해야 한다
	Vous devez ~	너희들(당신, 당신들)은 ~해야 한다
	Ils/Elles doivent ~	그들/그녀들은 ~해야 한다

예 Je dois prendre le métro tous les jours. 나는 매일 지하철을 타야 해.
Tu ne dois pas faire de régime. 너는 다이어트를 해서는 안 돼.
Vous devez chanter maintenant ? 당신은 지금 노래를 해야만 하나요?

★ Tu devrais + 동사원형: ~해야 하지 않을까?

완곡하게 명령할 때 매우 빈번하게 사용되는 표현입니다.

예 Tu devrais travailler moins. 너는 좀 적게 일해야 하지 않겠니?

 부정의 de

faire un régime처럼 동사가 직접목적어를 가질 경우, 부정문이 되면 원래의 관사가 de로 바뀝니다.

예 Tu ne dois pas faire de régime.
너는 다이어트를 해서는 안 돼.

 부가의문 non

~ non ?은 부가의문형입니다. '그렇지 않니?'라는 뜻인데, n'est-ce pas ?라고 하기도 합니다. non ?은 좀 더 회화체적인 표현입니다.

 단어

devoir ~해야 한다
finir 끝내다
devoir 숙제 (남)
mais 그러나
prendre le métro
 지하철을 타다
faire un régime
 다이어트하다
chanter 노래하다
maintenant 지금
moins 덜, 더 적게

공부한 내용을 확인해 보세요!

❶ Tu _____ finir ton devoir. 너는 네 숙제를 끝내야 한다.

❷ Il ne _____ pas chanter. 그는 노래를 불러서는 안 된다.

 정답
① dois ② doit

Jour 17 Je veux danser ! **177**

핵심 문장 익히기

3 🎧 MP3 17-05 들어 보기   🎤 MP3 17-06 회화 훈련

> **Je ne peux pas travailler tous les jours.** 나는 매일 일을 할 수는 없어.
> **Mais je peux m'amuser tous les soirs.** 하지만 매일 저녁 놀 수는 있어.

★ 3군 동사 pouvoir: ~할 수 있다

pouvoir 뒤에 동사원형을 써서 '~할 수 있다'라는 능력 표현을 만들 수 있습니다. 불규칙 변화에 주의하세요.

단수	Je peux ~	나는 ~할 수 있다
	Tu peux ~	너는 ~할 수 있다
	Il/Elle peut ~	그는 ~할 수 있다
복수	Nous pouvons ~	우리는 ~할 수 있다
	Vous pouvez ~	너희들(당신, 당신들)은 ~할 수 있다
	Ils/Elles peuvent ~	그들/그녀들은 ~할 수 있다

예) Tu peux nager ? 너 수영할 줄 알아?
    Elles peuvent sortir ce soir. 그녀들은 오늘 저녁 외출할 수 있다.

★ Je pourrais + 동사원형?: ~할 수 있을까요?

'~할 수 있을까요?'라는 뜻으로 동의를 구하는 완곡한 표현입니다. 동의를 구하거나 부탁할 때 매우 빈번하게 사용됩니다.

예) Je pourrais partir à 15h aujourd'hui ? 제가 오늘 오후 3시에 퇴근해도 될까요?

☕ **partir(떠나다)**

partir는 '떠나다'라는 뜻의 3군 변칙동사입니다.

단수	Je pars
	Tu pars
	Il/Elle part
복수	Nous partons
	Vous partez
	Ils/Elles partent

☕ **s'amuser (즐기다)**

amuser는 '즐겁게 하다'라는 뜻의 타동사인데, s'amuser라는 대명동사로 사용되면 '즐기다', '놀다'라는 뜻이됩니다.

🎨 **단어**

pouvoir ~할 수 있다
s'amuser 놀다, 즐기다
nager 수영하다
partir 떠나다, 퇴근하다
aujourd'hui 오늘

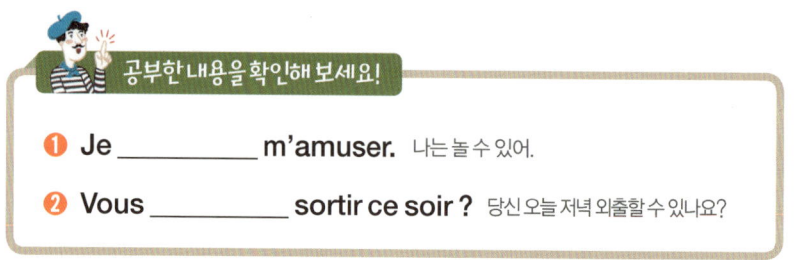

공부한 내용을 확인해 보세요!

❶ Je _____ m'amuser. 나는 놀 수 있어.

❷ Vous _____ sortir ce soir ? 당신 오늘 저녁 외출할 수 있나요?

정답 ① peux ② pouvez

 주말 활동

MP3 17-07

lire
(책을) 읽다

rencontrer des amis
친구들을 만나다

aller à la pêche
낚시를 가다

faire une randonnée
산책하다

aller au cinéma
극장을 가다

aller dans un bon restaurant
맛집에 가다

faire du shopping
쇼핑을 가다

faire du bricolage
작은 소품 가구를 만들다

dessiner
그림을 그리다

Jour 17 Je veux danser ! 179

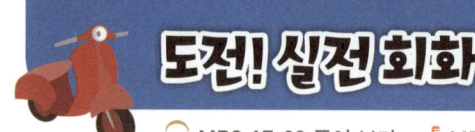

🎧 MP3 17-08 들어 보기　🎤 MP3 17-09 회화 훈련

 Paul Qu'est-ce que tu veux faire ce soir ?
Tu veux sortir ?

 Jina Oui, je veux bien !

 Paul Tu aimes danser ?

 Jina Oui, j'aime danser et chanter aussi !

 Paul Tu dois finir ton devoir, non ?

 Jina Oui, mais je veux m'amuser ce soir.
Je ne peux pas travailler tous les jours.
Mais je peux m'amuser tous les soirs !

 Paul D'accord ! Alors on va en boîte ce soir !

 Jina Cool !

> **Tip**
> **Je veux bien !**
> bien은 '잘', '참으로', '올바르게'라는 뜻의 부사입니다. '원하다'를 의미하는 vouloir 동사와 함께 쓰여 직역을 하면 '나는 기꺼이 원해'라는 뜻으로 앞의 제안을 유쾌하게 승낙하는 표현입니다.

폴	너는 오늘 저녁에 뭐 하고 싶어?
	외출하고 싶니?
지나	응, 그러고 싶어!
폴	너 춤추는 것 좋아해?
지나	응, 난 춤추고 노래하는 것도 좋아해!
폴	너 숙제를 끝마쳐야 하지 않니?
지나	맞아, 하지만 오늘 저녁은 놀고 싶어.
	난 매일 일할 수는 없어.
	하지만 매일 저녁 놀 수는 있지!
폴	그래! 그럼 오늘 저녁에 클럽에 가자!
지나	좋아!

단어

vouloir 원하다	faire ~하다	sortir 외출하다
aimer 좋아하다	danser 춤추다	chanter 노래하다
devoir ~해야 한다	finir 끝마치다	devoir 숙제 (남)
s'amuser 놀다	travailler 일하다, 공부하다	d'accord (동의) 좋아, 알겠어
alors 그래서, 그러면	aller 가다	boîte (de nuit) (나이트) 클럽 (여)

Jour 17 Je veux danser !

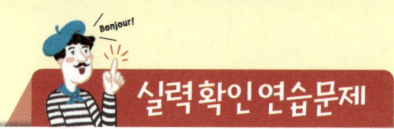

실력확인연습문제

1 빈칸에 들어갈 말을 적고, 소리 내어 말해 보세요.

1. A: Tu _____ sortir ? 너 외출하고 싶니?

   B: Oui, je _____ sortir ce soir. 응, 오늘 저녁에 외출하고 싶어.

2. A: Tu _____ finir ton devoir. 너는 네 숙제를 끝마쳐야 해.

   B: Oui, je _____ finir mon devoir. 맞아, 숙제를 마쳐야만 해.

3. A: Tu _____ t'amuser ce soir ? 오늘 저녁에 너 놀 수 있어?

   B: Oui, je ne _____ pas travailler tous les jours !
   응, 매일 일을 할 수는 없잖아!

2 제시 단어들을 순서대로 배열해서 문장을 만들어 보세요.

1. 난 외출하길 원해. [sortir / je / veux]

   → _____

2. 너는 오늘 저녁에 클럽에 가야만 해.
   [boîte de nuit / tu / en / aller / dois / ce soir]

   → _____

3. 우리는 매일 일할 수는 없어.
   [tous les jours / ne / nous / pas / pouvons / travailler]

   → _____

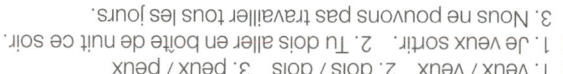

정답 **1** 1. veux / veux 2. dois / dois 3. peux / peux
2 1. Je veux sortir. 2. Tu dois aller en boîte de nuit ce soir.
3. Nous ne pouvons pas travailler tous les jours.

파리의 밤의 상자

> 우리 파티해요!

프랑스 사람들은 나이트클럽을 '밤의 상자(la boîte de nuit)'라고 부릅니다. 목요일부터 토요일까지 청춘을 불태우기 위해 파리 곳곳에 위치한 크고 작은 클럽으로 몰려듭니다. 파리 9구에는 세련된 테크노 음악과 디제이로 유명한 렉스 클럽(Rex Club)이 있습니다. 그리고 파리 한복판의 대형 클럽 라 스칼과 교통의 요지 11구에 위치한 동성애자 클럽(이성애자도 출입 가능한) 르 지부스(le Gibus)도 유명합니다. 파리 곳곳의 수많은 밤의 상자들이 파리의 달을 데웁니다.

클럽에 따라 입장 요금은 다릅니다. 비싼 곳은 20유로가 넘는 곳도 있고, 저렴한 곳은 3~5유로 정도면 입장이 가능합니다. 다양한 문화를 누리기 위한 목적으로 떠나온 여행이라면 각 도시의 밤의 여행, 클럽 탐방을 놓치지 마세요!

Jour 18

Je travaille à Paris depuis deux ans.

나는 2년 전부터 파리에서 일하고 있어.

월   일

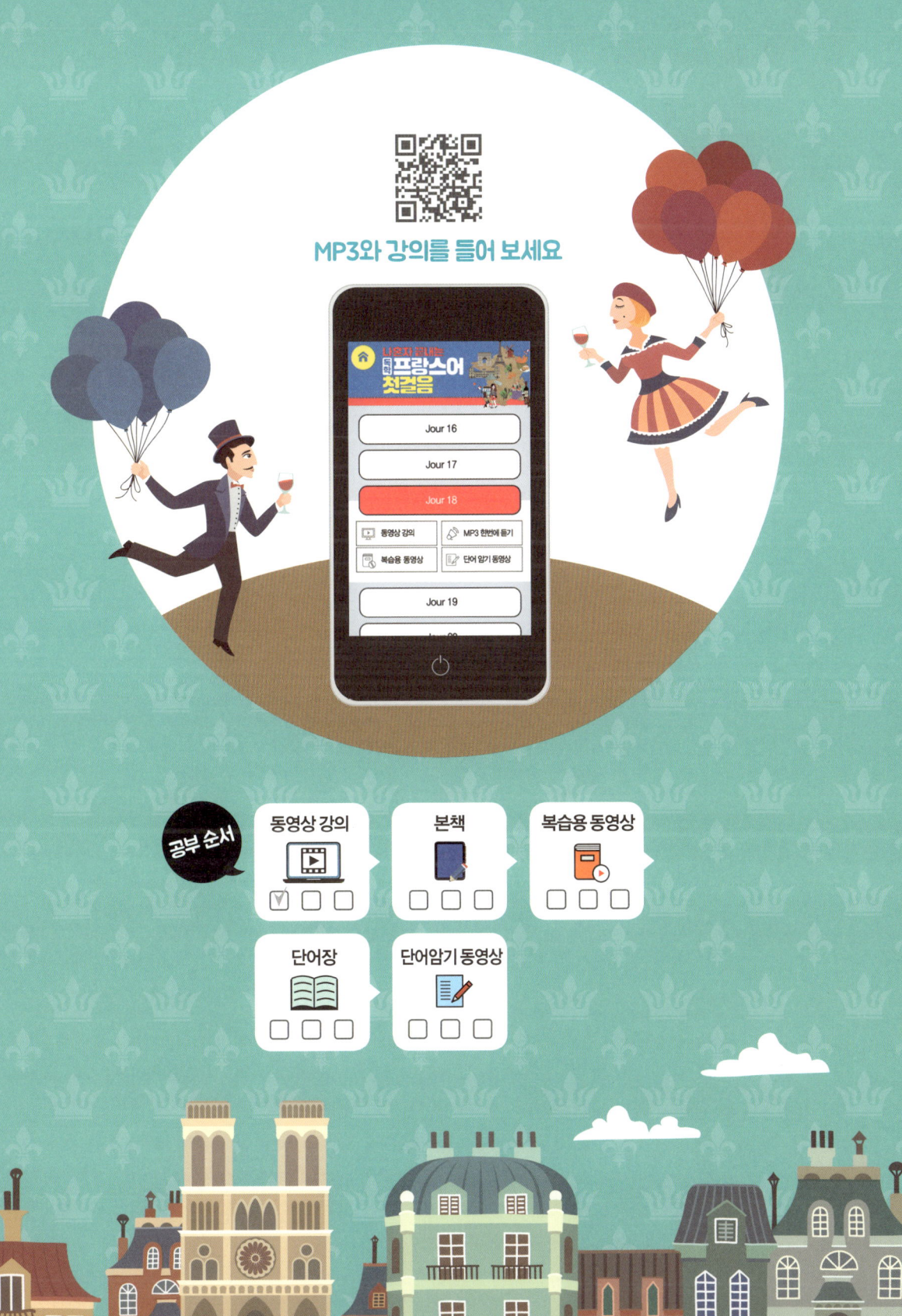

핵심 문장 익히기

1

🎧 MP3 18-01 들어 보기   🎤 MP3 18-02 회화 훈련

Je travaille à Paris depuis deux ans.
나는 2년 전부터 파리에서 일하고 있어.

⭐ 시간을 나타내는 전치사 depuis: ~ 이래로

depuis는 '~ 이래로'라는 뜻으로, 과거부터 지금까지 지속되어 온 시간을 나타냅니다. 영어의 since와 비슷합니다.

예 **A:** Tu habites à Séoul depuis combien de temps ?
　　너는 언제부터 서울에 살고 있는 거야?
　B: J'habite à Séoul depuis 7 ans. 7년 전부터 서울에서 살고 있어.

⭐ an: ~년, ~살

an은 연수(~년), 나이(~살)을 나타냅니다. 숫자가 복수일 때는 반드시 복수로 표기하세요.

예 1 an   1년, 1살
　2 ans 2년, 2살

☕ combien de + 기간

combien d'heures 몇 시간
combien de jours 며칠
combien de semaines 몇 주
combien de mois 몇 달

🎨 단어

travailler 일하다
à ~에, ~로
depuis ~ 이래로
deux 숫자2, 2의
an ~년, ~살(나이)
habiter 거주하다, 살다
combien 얼마나
de ~의, ~로 부터
temps 시간, 때, 기간
semaine 주
mois 달

공부한 내용을 확인해 보세요!

❶ J'habite à Paris _____ 3 ans.
　나는 3년 전부터 파리에 살고 있다.

❷ Nous ne _____ pas aujourd'hui.
　우리는 오늘 일하지 않는다.

 정답
① depuis ② travaillons

🎧 MP3 18-03 들어 보기   🎤 MP3 18-04 회화 훈련

2

A **Tu voyages pour combien de temps ?** 너는 얼마 동안을 (염두에 두고) 여행하니?

B **Je voyage à Paris pour un mois.**
난 한 달을 염두에 두고 파리를 여행하려고 해.

Je veux me promener pendant 30 minutes tous les soirs dans Paris.
매일 저녁마다 나는 파리를 30분 동안 산책하고 싶어.

★ 시간을 나타내는 전치사 pour: ~ 동안을 염두에 두고, 예정으로

pour은 미래의 어느 시점까지의 예상 기간을 나타냅니다.

예 **A:** Paul voyage pour combien de mois ?
폴은 몇 달을 (계획하고) 여행하는 거야?

B: Il voyage pour six mois.   그는 여섯 달 동안 여행해. (미래 기간 예상)

★ 시간을 나타내는 전치사 pendant: ~ 동안

어떤 행위에 걸리는 시간, 기간을 나타냅니다.

예 **A:** Vous dansez pendant combien d'heures le soir ?
당신은 매일 저녁 몇 시간 동안 춤을 추나요?

B: Je danse pendant une heure le soir.
저는 저녁마다 한 시간동안 춤을 춥니다.

 공부한 내용을 확인해 보세요!

❶ Je reste en France _____ 5 ans.
나는 5년을 예상하고 프랑스에 머물고 있어.

❷ Le soir, je marche _____ 30 minutes.
나는 저녁마다 30분 동안 걸어.

 ~마다

tous les jours 매일매일
tous les soirs 매일 저녁마다
toutes les nuits 매일 밤마다

 단어

voyager 여행하다
pour ~ 동안을 염두에 두고
vouloir 원하다, ~하고 싶다
se promener 산책하다
pendant ~ 동안
minute 분 (여)
dans ~ 안에
danser 춤추다
heure 시간 (여)
rester 머물다
marcher 걷다

 정답
① pour ② pendant

Jour 18 Je travaille à Paris depuis deux ans. **187**

핵심 문장 익히기

3

 MP3 18-05 들어 보기　MP3 18-06 회화 훈련

A Ton club de yoga est près de chez toi ? 요가 클럽은 너희 집에서 가깝니?

B Oui, je vais au club en 10 minutes. Je fais du yoga pendant une heure tous les soirs.
응, 10분이면 돼. 나는 매일 저녁 한 시간 동안 요가를 해.

★ en + 시간 단위: ~ 만에

en은 시간과 함께 올 때 '~ 만에', '~ 걸려서'라는 의미가 되어 소요 기간을 강조해 줍니다.

- 예) Paul range sa chambre en 5 minutes. 폴은 5분 만에 방 청소를 한다.

pendant(~ 동안)와의 차이를 잘 구별해야 합니다.

- 예) Je cuisine pendant 30 minutes. 나는 30분 동안 요리를 한다.
  Je cuisine en 10 minutes. 나는 10분 만에 요리를 한다.

faire du yoga (요가를 하다)

faire du yoga는 '요가를 하다'라는 뜻입니다. faire 동사와 예체능 관련 단어가 함께 쓰일 때는 반드시 부분관사 du, de la, des를 사용합니다.

단어

club 클럽, 교습소 명
yoga 요가 명
près de ~에서 가까운
chez ~의 집에서
aller 가다
en + 시간 ~ 만에
faire du yoga 요가를 하다
ranger la chambre 방청소하다
cuisiner 요리하다

 공부한 내용을 확인해 보세요!

① Je cuisine _____ 30 min. 나는 30분 동안 요리를 한다.
② Je cuisine _____ 30 min. 나는 30분 만에 요리를 한다.

 정답
① pendant　② en

 # 어느 파리지엔느의 하루

MP3 18-07

se lever 기상하다 | **prendre le petit-déjeuner** 아침을 먹다 | **prendre une douche** 샤워를 하다 | **s'habiller** 옷을 입다

se maquiller 화장을 하다 | **partir de la maison** 집을 나서다 | **prendre le métro** 지하철을 타다 | **arriver au bureau** 사무실에 도착하다

prendre un café 커피를 마시다 | **vérifier sa boîte e-mail** 이메일 상자를 확인하다 | **déjeuner** 점심을 먹다 | **surfer sur internet** 인터넷 서핑을 하다

aller aux toilettes 화장실에 가다 | **envoyer un sms** 문자를 보내다 | **prendre une bière** 맥주를 한잔하다 | **rentrer (à la maison)** 귀가하다

se laver 씻다 | **regarder la télé** 텔레비전을 보다 | **se coucher** 잠자리에 들다 | **rêver de voyager** 여행 가는 꿈을 꾸다

Jour 18 Je travaille à Paris depuis deux ans.

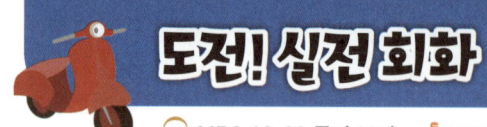

🎧 MP3 18-08 들어 보기 🎤 MP3 18-09 회화 훈련

 Salut ! Tu es coréenne ?

 Salut ! Non, je suis chinoise.

 D'accord. Tu habites à Paris ?

 Oui ! Je travaille à Paris depuis 2 ans. Je suis en France pour 5 ans.

 Ok. Qu'est-ce que tu fais dans la vie ?

 Je suis fleuriste.

 Wow ! Qu'est-ce que tu fais le soir ?

 Le soir, je fais du yoga.

 C'est près de chez toi ?

 Oui, je vais au club de yoga en 10 minutes. Je fais du yoga pendant une heure tous les soirs.

 C'est génial !

폴	안녕! 넌 한국인이니?
왕	안녕! 아니, 난 중국인이야.
폴	그렇구나. 넌 파리에 살고 있니?
왕	응! 2년 전부터 파리에서 일하고 있어.
	난 5년을 계획하고 프랑스에 있어.
폴	그렇구나. 넌 무슨 일을 하니?
왕	난 플로리스트야.
폴	우와! 저녁엔 뭘 하니?
왕	저녁마다 난 요가를 해.
폴	네 집에서 가깝니?
왕	응, 10분 만에 수업에 가.
	난 매일 저녁 한 시간 동안 요가를 해.
폴	멋지구나!

단어

chinois 중국인, 중국의 (남) (chinoise 여)	**habiter à** ~에 살다	**travailler** 일하다
depuis ~이래로	**pour** ~ 동안을 염두에 두고	**faire** 하다
dans la vie 삶 (안)에서	**fleuriste** 플로리스트	**aller au cours** 수업에 가다
près de ~에서 가까운	**faire du yoga** 요가를 하다	**pendant** ~ 동안
génial 멋진 (남) (géniale 여)		

Jour 18 Je travaille à Paris depuis deux ans.

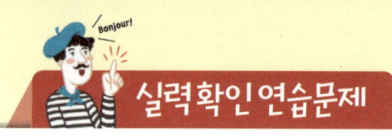

실력확인연습문제

1 빈칸에 들어갈 말을 적고, 소리 내어 말해 보세요.

1 A: **Tu travailles à Séoul _____ combien de temps?**
   너는 서울에서 일한 지 얼마나 됐어?

   B: **Je suis à Séoul _____ 2 ans.** 2년 전부터 서울에 있어.

2 **Le soir, je me promène _____ une heure dans un parc.** 나는 저녁마다 한 시간 동안 공원 안을 산책해.

3 **Il cuisine _____ deux heures.** 그는 두 시간 동안 요리해.

4 **Elle mange _____ dix minutes.** 그녀는 10분 안에 먹는다.

2 제시 단어들을 순서대로 배열해서 문장을 만들어 보세요.

1 3년 전부터 난 일을 하고 있다. [travaille / ans / je / depuis / trois]

   → _____

2 우리는 한 시간 동안 걷는다. [marchons / pendant / nous / une / heure]

   → _____

3 그들은 10분 만에 요리를 한다. [en / dix / cuisinent / ils / minutes]

   → _____

정답 **1** 1. depuis / depuis 2. pendant 3. pendant 4. en
2 1. Je travaille depuis trois ans. 2. Nous marchons pendant une heure. 3. Ils cuisinent en dix minutes.

프랑스인들의 놀라운 독서량

프랑스인들은 문화적 소양을 갖추는 것을 매우 중요하게 생각합니다. 이를 위한 활동으로 그들이 가장 많은 시간을 할애하는 것은 단연 독서입니다. 2015년에 발표된 한 통계에 따르면 프랑스인의 주간 독서 시간은 대략 7시간으로 전 세계 국가들 가운데 8위를 차지했습니다. 프랑스에 가면 지하철 안, 카페, 혹은 공원 잔디밭 등 일상의 공간에서 독서에 빠져 있는 프랑스인들을 쉽게 만날 수 있습니다. 예전에 한 일용직 노동자 친구의 집을 방문을 한 적이 있습니다. 직업에 대한 저의 얄팍한 고정관념과는 달리, 거실의 한쪽 벽면이 빽빽하게 책으로 채워진 것을 보고 깜짝 놀랐던 기억이 납니다. 그 후 방문했던 거의 대부분의 프랑스인들의 집 분위기도 비슷했습니다. 다양한 영역에서 활동하는 그들은 대부분은 다독가였습니다.

Jour 19
Regarde le ciel bleu !
파란 하늘을 봐!

월   일

MP3와 강의를 들어 보세요

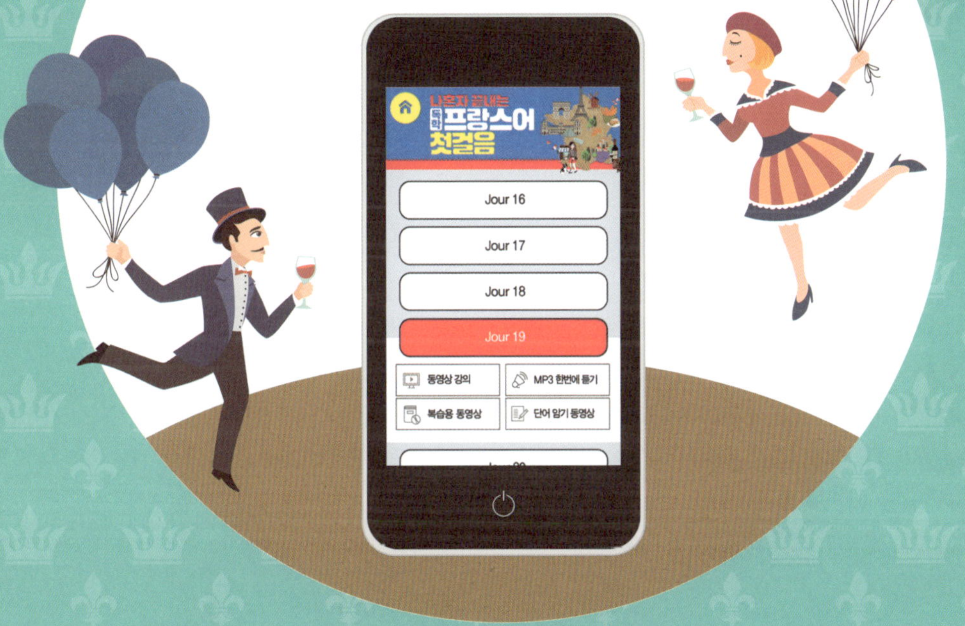

공부 순서: 동영상 강의 → 본책 → 복습용 동영상
단어장 → 단어암기 동영상

핵심 문장 익히기

🎧 MP3 19-01 들어 보기   🎤 MP3 19-02 회화 훈련

1

Regarde le ciel bleu ! 푸른 하늘을 봐!

★ 명령문 만들기: ~ 해라, ~ 하세요

영어와 마찬가지로 Tu(너는), Vous(너희들, 당신, 당신들)의 2인칭에서 주어 없이 동사만 쓰면 명령법이 됩니다.

- 예) Tu mets ton manteau. 너는 코트를 입는다.
  → **Mets** ton manteau ! 코트 입어라!
  Vous fermez la porte. 당신은 문을 닫는다.
  → **Fermez** la porte ! 문 닫으세요!

주의 ❶

1군 동사는 2인칭 단수 Tu 뒤에 올 때의 어미 -es에서 s를 뗍니다.

- 예) Tu chante**s**. 너는 노래한다.
  → Chante ! 노래해!

주의 ❷

일반적으로 2군이나 3군 동사의 2인칭 명령은 동사 그대로 사용합니다. 하지만 3군 동사 중에 2인칭 어미 활용이 -es인 경우, 1인칭 동사의 명령법처럼 s를 뗍니다.

- 예) Tu ouvre**s** la fenêtre. 너는 창문을 연다.
  → Ouvre la fenêtre ! 창문을 열어라!
  Tu va**s** à l'école. 너는 학교에 간다.
  → Va à l'école ! 학교에 가! (aller는 -es로 끝나는 동사는 아니지만 s를 떼는 예외 동사)

단어

regarder 바라보다
ciel 하늘 남
bleu 파란 남 (bleue 여)
mettre 착용하다
manteau 코트 남
fermer 닫다
porte 문 여
chanter 노래하다
ouvrir 열다
fenêtre 창문 여
aller à + 장소명 ~로 가다

> 공부한 내용을 확인해 보세요!
>
> ❶ _____ le ciel ! 하늘을 봐!
>
> ❷ _____ la porte. 문을 닫으세요.

정답
① Regarde ② Fermez

🎧 MP3 19-03 들어 보기　🎤 MP3 19-04 회화 훈련

2

> A **Il fait beau. Réveille-toi !** 날씨가 화창해. 잠에서 좀 깨!
> B **N'ouvre pas la fenêtre ! Il fait froid !**
> 창문 열지 마! 춥단 말야!

★ 대명동사의 명령형

평서문에서 동사 앞에 오는 대명사를 명령문에서는 강세 인칭대명사로 바꾸어 줍니다. 그리고 동사 뒤에 위치시킵니다. 동사 뒤에 강세 인칭대명사를 쓸 때에는 대명사 도치 표시로 -(trait d'union)을 꼭 첨가해야 합니다.

예) Tu te réveilles. 너는 잠이 깬다.
　→ Réveille-toi ! 잠에서 깨어나!

★ 부정 명령문: ne + 대명사 + 동사 + pas

부정문을 만들 때에는 ne pas를 써서 만들었던 것 기억하시죠? 대명동사 부정 명령문은 평서문처럼 대명사를 동사 앞에 넣어 주고 대명사 앞에 ne를 쓰면 됩니다.

예) Ne bouge pas ! 움직이지 마!
　Ne vous maquillez pas trop ! 너무 짙게 화장하지 마세요!

 단어

il fait ~ (날씨가) ~하다
se réveiller (잠에서) 깨다
froid 추운 (남) (froide 여)
bouger 움직이다
se maquiller 화장하다
trop 너무, 지나치게

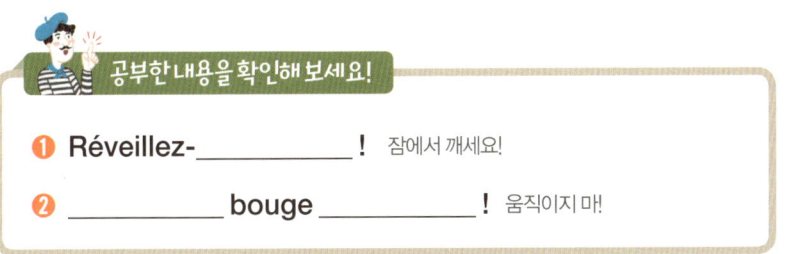

공부한 내용을 확인해 보세요!

❶ Réveillez-_____ !　잠에서 깨세요!
❷ _____ bouge _____ !　움직이지 마!

정답
① vous　② Ne / pas

핵심 문장 익히기

3

🎧 MP3 19-05 들어 보기　🎤 MP3 19-06 회화 훈련

A Allons au parc !　공원에 가자!
B Ok. Préparons deux sandwichs !
알겠어. 샌드위치 두 개를 준비하자!

★ 함께할 것 제안하기

주격 인칭대명사 Nous(우리)를 주어로 사용한 문장에서, 주어 nous를 제외시키고 동사를 문장 맨 앞에 위치시키면 제안의 표현이 됩니다.

예) <u>Nous</u> allons au café.　우리는 카페에 간다.
　→ Allons au café !　카페 가자!

★ 대명동사를 이용해서 제안 표현하기

대명동사를 이용해서 제안의 표현을 할 때에는 대명사가 동사 뒤로 이동해야 합니다. 일반 타동사의 명령법과 혼동될 수 있으니 항상 주의하세요. 대명동사의 명령법은 동사변화의 어미와 뒤의 대명사의 인칭이 동일합니다.

예) Nous nous reposons.　우리는 휴식을 취한다.
　→ Reposons-nous !　우리 쉬자!

 왕초보 탈출 팁

1 이상의 수 뒤에 있는 명사는 반드시 복수형으로 만드세요.
예) deux sandwich**s**
　샌드위치 두 개

 단어

préparer 준비하다
aujourd'hui 오늘
se reposer 쉬다
sortir 외출하다

 공부한 내용을 확인해 보세요!

❶ _____ au parc !　공원 가자!
❷ Ne _____ pas aujourd'hui !　오늘 외출하지 말자!

 정답
① Allons　② sortons

자주 찾는 상점들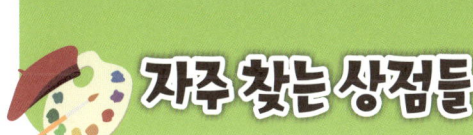

la banque
은행

le supermarché
슈퍼마켓

la boulangerie
빵집

la librairie
서점

le café
카페

le restaurant
식당

le pressing
세탁소

le salon de coiffure
미용실

le magasin de vêtements 옷 가게

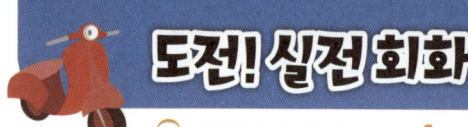

🎧 MP3 19-08 들어 보기   🎤 MP3 19-09 회화 훈련

 Paul ! Regarde le ciel bleu ! Il fait beau. Réveille-toi !

 Oh ! N'ouvre pas la fenêtre ! Il fait froid !

 Mais non ! Il fait doux. Regarde le soleil. Il est déja 11 heures ! Bouge !

 Sors de ma chambre ! Je veux me reposer.

 Non. Allons au parc ! C'est samedi.

 Okay. Préparons deux sandwichs.

 D'accord !

다음 표현을 프랑스어로 적어 보세요

① 잠에서 깨! _____

② 공원에 가자! _____

① Réveille-toi ! ② Allons au parc !

엠마	폴! 파란 하늘을 봐!
	날씨가 화창해. 깨어나!(= 일어나!)
폴	오! 창문 열지 마! 추워!
엠마	절대 그렇지 않아! 따뜻해.
	해 좀 봐. 벌써 11시야!
	좀 움직여!
폴	내 방에서 나가! 난 쉬고 싶어.
엠마	안 돼. 공원에 가자! 토요일이야.
폴	알겠어. 샌드위치를 두 개 준비하자.
엠마	응!

단어

- **regarder** 바라보다
- **il fait + 형용사** 날씨 표현
- **fenêtre** 창문 여
- **soleil** 해, 태양 남
- **sortir de + 장소** ~부터 나오다
- **se reposer** 쉬다
- **ciel** 하늘 남
- **se réveiller** (잠에서) 깨다
- **froid** 추운 남 (froide 여)
- **déja** 이미, 벌써
- **chambre** 방 여
- **aller à + 장소** ~에 가다
- **bleu** 파란 남 (bleue 여)
- **ouvrir** 열다
- **doux** 온화한 남 (douce 여)
- **bouger** 움직이다
- **samedi** 토요일
- **préparer** 준비하다

실력확인연습문제

1 빈칸에 들어갈 말을 적고, 소리 내어 말해 보세요.

1 _____ le ciel bleu ! 파란 하늘을 봐!

2 Réveille-_____ ! 일어나!

3 N' _____ pas la porte ! 문 열지 매!

2 제시 단어들을 순서대로 배열해서 문장을 만들어 보세요.

1 저 푸른 하늘을 봐. [ciel / regarde / bleu / le]

   → _____

2 창문 열지 마. [fenêtre / la / pas / n'ouvre]

   → _____

3 공원에 가자. [au / allons / parc]

   → _____

3 빈칸에 들어갈 알맞은 말을 고르세요.

1 _____ le soleil. 저 태양을 봐.

   ① Regardes ② Regarde ③ Regardons ④ Regardez

2 Réveillez- _____ ! 일어나십시오!

   ① toi ② vous ③ nous ④ toi

3 _____ deux sandwichs ! 샌드위치를 두 개 준비하자!

   ① Préparons ② Prépare ③ Préparez ④ Prépares

정답
1 1. Regarde 2. toi 3. ouvre
2 1. Regarde le ciel bleu. 2. N'ouvre pas la fenêtre. 3. Allons au parc.
3 1. ② 2. ② 3. ①

한 여름밤의 음악 축제

6월 21일 밤, 프랑스 곳곳에서는 음악 공연이 열립니다. 지난 82년 최초로 시작된 이 공연은, 빨간 태양이 저물어 도시를 식히는 시간에 본격적으로 시작됩니다. 재즈, 가스펠, 레게, 발라드뿐 아니라 비보이의 힙합 음악까지 쿵쿵짝 쿵쿵짝 골목길, 광장, 술집, 미술관 정원 구석구석에서 음악소리가 울려 퍼지기 시작합니다. 프랑스에 살고 있는 모든 사람들이 길거리로 나옵니다. 전문적인 음악가들뿐 아니라 음악을 사랑하는 모든 사람들이 이 예술 축제 공연의 주인공으로 참여할 수 있습니다. 길거리로 나온 관객들은 신나는 음악에 맞추어 노래를 따라 부르고 손뼉을 치며 춤을 춥니다. 평소엔 매연을 뿜는 차들이 가득한 도로이지만, 이날 밤만큼은 음표와 연주자와 관객과 별들로 채워집니다.

Jour 20
Je vais aller en France !
난 프랑스에 갈 거야!

월   일

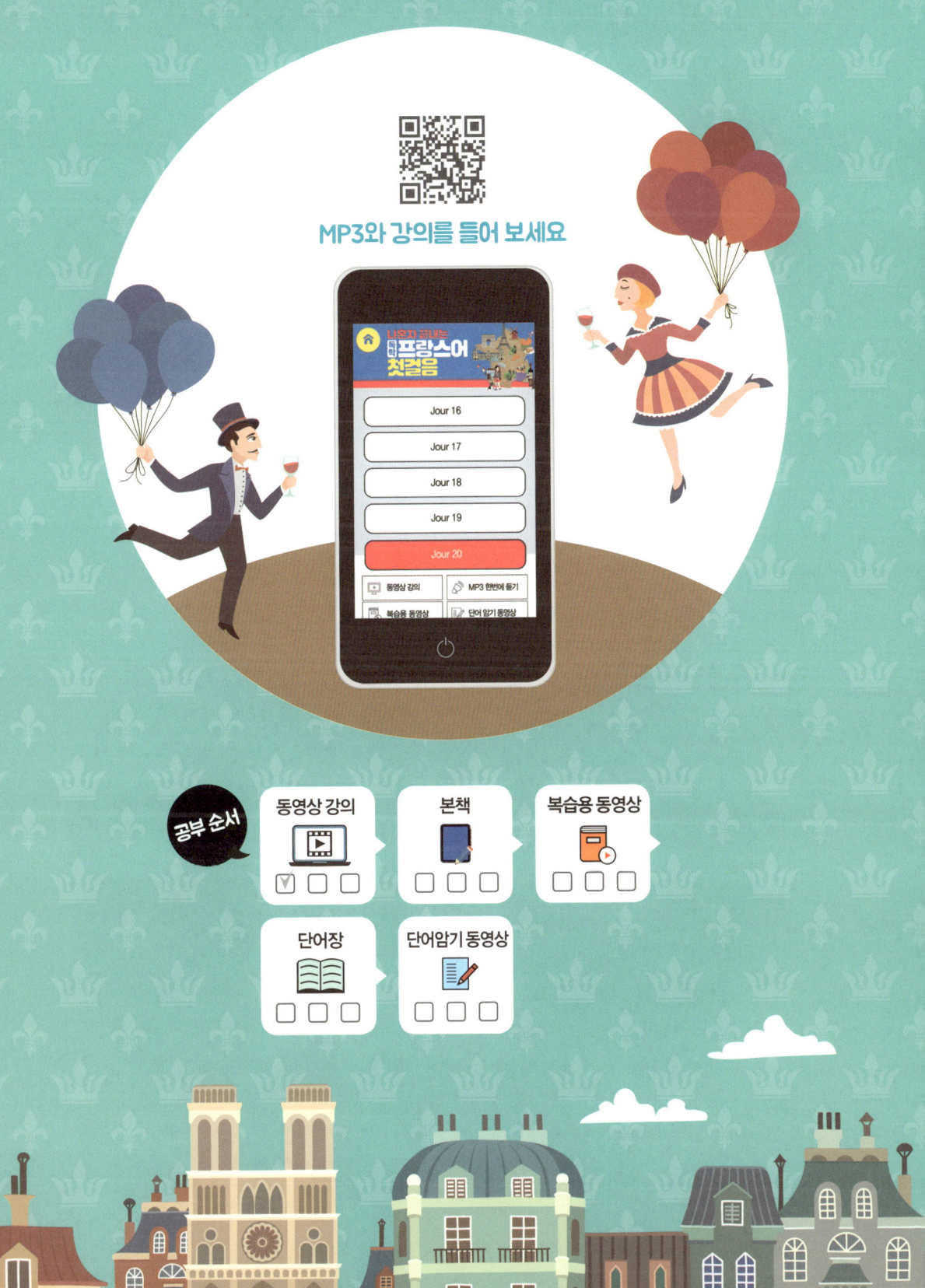

핵심 문장 익히기

🎧 MP3 20-01 들어 보기   🎤 MP3 20-02 회화 훈련

1

A **Qu'est-ce que tu vas faire cet été ?**
올 여름 넌 무엇을 할 거야?

B **Cet été, je vais aller en France.**
올 여름 난 프랑스에 갈 거야.

★ aller + 동사원형: ~할 것이다

aller는 '가다'라는 의미의 자동사인데, 뒤에 동사원형을 쓰면 '~할 것이다'라는 의미로 근접한 미래를 나타내는 표현이 됩니다. 일상 회화에서 자주 사용되는 미래 시제입니다.

예 현재형 Qu'est-ce que tu fais ? 넌 무엇을 하니?
   근접미래형 Qu'est-ce que tu vas faire ? 넌 무엇을 할 것이니?
   대답 Je vais aller à Busan. 나는 부산에 갈 거야.

★ 봄 여름 가을 겨울

봄을 제외하고 모든 계절이 축약을 해서 바로 알아차리기는 힘들지만 사계절 모두 남성 명사입니다. 따라서 지시 형용사도 반드시 남성형을 써 줍니다.

le printemps 봄	ce printemps 이번 봄
l'été 여름	cet été 이번 여름
l'automne 가을	cet automne 이번 가을
l'hiver 겨울	cet hiver 이번 겨울

 단어

aller + 동사원형 ~할 것이다
été 여름 (남)
aller à + 장소명 ~에 가다
dîner 저녁식사를 하다
ami 친구 (남) (amie 여)
printemps 봄 (남)
automne 가을 (남)
hiver 겨울 (남)

 공부한 내용을 확인해 보세요!

❶ Qu'est-ce que tu _____ faire ? 넌 무엇을 할 거야?

❷ _____ été, je vais aller à Busan. 올 여름, 난 부산에 갈 거야.

 정답
① vas ② Cet

🎧 MP3 20-03 들어 보기　🎤 MP3 20-04 회화 훈련

2

A Tu dors ? 너 자니?
B Non, je viens de faire la vaisselle.
아니, 막 설거지를 한 참이야.

★ venir de + 동사원형: 막 ~한 참이다, 방금 전에 ~했다

venir는 '오다'라는 뜻의 자동사입니다. 뒤에 'de + 동사원형'을 쓰면 '막 ~한 참이다'라는 뜻이 됩니다.

예) Nous venons de regarder un film. 우리는 막 영화 한 편을 본 참이야.
　 Elles viennent de passer chez moi. 그녀들은 막 우리 집을 다녀간 참이야.

★ venir de + 장소: ~ 출신이다

venir de 뒤에 동사원형이 올 때와 장소명이 올 때 뜻이 달라진다는 점에 유의하세요. 뒤에 장소명이 오면 '~ 출신이다', '~에서 오는 길이다'라는 의미가 됩니다.

예) Je viens de Corée. 나는 한국에서 왔어.

 dormir (자다)

dormir는 3군 변칙동사로 '자다'라는 의미입니다. 변화 형을 살펴보세요.

단수	Je dors Tu dors Il/Elle dort
복수	Nous dormons Vous dormez Ils/Elles dorment

단어

dormir 자다
venir 오다
faire la vaisselle
　설거지를 하다
regarder 보다
film 영화
passer 지나가다

공부한 내용을 확인해 보세요!

❶ Tu _____ ? 너 자니?

❷ Je _____ de faire la vaisselle. 나는 막 설거지를 한 참이다.

정답
① dors　② viens

Jour 20 Je vais aller en France !

핵심 문장 익히기

🎧 MP3 20-05 들어 보기 🎤 MP3 20-06 회화 훈련

3
A Demain, je vais rencontrer Thomas. 내일 나는 토마를 만날 거야.
B Il habite toujours à Paris ? 그는 여전히 파리에 살고 있니?

★ 시간 표현

시간 표현은 주로 문장 맨 앞이나 맨 뒤에 씁니다.

demain 내일	예) Demain, je vais aller au Mexique.	나는 내일 멕시코로 간다.
aujourd'hui 오늘	예) Tu ne vas pas à la mer aujourd'hui ?	너 오늘 바다에 가지 않아?
hier 어제	예) Cela ne date pas d'hier.	그것은 어제오늘의 일이 아니다.
tôt 일찍	예) Il va se lever tôt.	그는 일찍 일어날 것이다.
tard 늦게	예) Elles vont rentrer tard.	그녀들은 늦게 귀가할 것이다.
maintenant 지금	예) Tu manges maintenant ?	너 지금 밥 먹니?

★ 횟수와 관련된 표현

toujours 항상	예) Paul écoute toujours cette chanson. 폴은 항상 그 노래를 듣는다.	
souvent 자주	예) Je vais souvent au café. 나는 자주 카페에 간다.	
de temps en temps 때때로	예) Elle mange de temps en temps de la viande. 그녀는 이따금 고기를 먹는다.	
rarement 드물게	예) Il lit rarement. 그는 드물게 책을 읽는다.	

 공부한 내용을 확인해 보세요!

❶ _____ je vais rencontrer un ami.
내일 한 친구를 만날 거야.

❷ Il va _____ au café ? 그는 카페에 자주 가니?

☕ **toujours**

toujours는 횟수뿐 아니라 '언제나', '여전히'라는 의미로 계속 진행되고 있는 상태를 나타내기도 합니다.

예) Tu m'aimes toujours?
너는 여전히 나를 사랑하니?

🎨 **단어**

demain 내일
rencontrer 만나다
habiter à ~에 살다
toujours 항상, 여전히
mer 바다
date 일, 사건
se lever 일어나다
rentrer 돌아오다
manger 먹다
écouter 듣다
chanson 노래, 샹송
viande 고기
lire 읽다

 정답
① Demain ② souvent

 계절 활동

MP3 20-07

le printemps
봄

voir les cerisiers en fleurs
벚꽃을 보다

faire le grand ménage de printemps
봄맞이 대청소를 하다

l'été
여름

aller à la plage
해변에 가다

faire du camping
캠핑하다

l'automne
가을

aller à la montagne
산에 가다

aller à un festival
페스티벌에 가다

l'hiver
겨울

faire du ski
스키를 타다

aller au spa
온천에 가다

Jour 20 Je vais aller en France ! 209

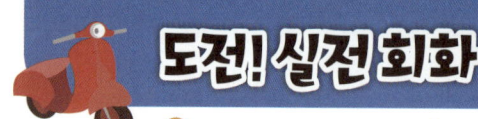

🎧 MP3 20-08 들어 보기 🎤 MP3 20-09 회화 훈련

 Tu viens de dîner ?

 Non, je viens de faire la vaisselle.

 Qu'est-ce que tu vas faire cet été ?

 Cet été, je vais aller en Italie avec Thomas.

 C'est génial ! Thomas va bien ?

 Oui, il va très bien. Il est toujours à l'école. Demain je vais rencontrer Thomas dans le centre-ville.

 D'accord. Bon, je dois aller prendre une douche.

bon

bon은 '좋은'이라는 뜻의 형용사인데, 감탄사로서 회화에서 사용하기도 합니다. '좋아!', '됐어!' 라고 말하면서 화제를 전환할 때 주로 사용합니다.

지나 　방금 저녁 먹은 거니?
폴 　아니, 막 설거지를 한 참이야.
지나 　너 올 여름 뭐 할 거니?
폴 　올 여름 난 토마랑 이탈리아에 갈 거야.
지나 　멋진걸! 토마는 잘 지내?
폴 　응, 그는 매우 잘 지내. 그는 항상 학교에 있어.
　　　내일 난 시내에서 토마를 만날 거야.
지나 　그렇군. 자, 난 샤워하러 가야 해.

단어

venir de + 동사원형 막 ~한 참이다
aller à + 장소명 ~에 가다
toujours 항상, 여전히
rencontrer 만나다
prendre une douche 샤워를 하다
faire la vaisselle 설거지를 하다
Italie 이탈리아 여
école 학교 여
centre-ville 시내 남
été 여름 남
avec ~와 함께
demain 내일
devoir ~해야 한다

Jour 20 Je vais aller en France!

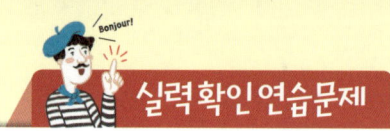 실력확인연습문제

1 빈칸에 들어갈 말을 적고, 소리 내어 말해 보세요.

1 A: Tu _____ de dîner ? 넌 막 저녁 먹은 참이니?

　　Oui, je _____ de dîner. 응, 막 저녁 먹은 참이야.

2 A: Qu'est-ce que vous _____ faire ? 너희는 뭘 할 거야?

　　B: Nous _____ faire la vaiselle. 우리는 설거지를 할 거야.

3 A: Ils _____ rencontrer Thomas demain. 그들은 내일 토마를 만날 거야.

　　B: Thomas _____ bien ? 토마는 잘 지내니?

2 제시 단어들을 순서대로 배열해서 문장을 만들어 보세요.

1 나는 막 운동을 한 참이야. [viens / je / de / du / sport / faire]

　　→ _____

2 넌 뭘 살 거야? [acheter / qu'est-ce que / vas / tu]

　　→ _____

3 오늘 저녁 난 샤워를 할 거야. [douche / vais / je / prendre / ce / soir / une]

　　→ _____

정답 **1** 1. viens / viens   2. allez / allons   3. vont / va
2 1. Je viens de faire du sport.   2. Qu'est-ce que tu vas acheter?   3. Je vais prendre une douche ce soir.

세일

프랑스에서는 축제처럼 큰 바겐세일이 일 년에 두 번 열립니다(여름과 겨울). 겨울 세일 기간은 1월 초 중순부터, 여름 세일 시작일은 6월 마지막 주에 시작하며 약 5주간 지속됩니다. 적게는 20%부터 많게는 90%까지 할인을 합니다. 사람들은 틈틈이 봐 두었던 의류, 액세서리, 전자기기 등을 사러 상점으로 몰려듭니다. 세일 전날부터 거리엔 설레는 분위기가 감돕니다. 관례 행사처럼 뉴스에서는 세일 전날 밤, 상점 앞에서 길게 줄을 서고 있는 사람들을 화면에 담아 세일이 시작된다는 것을 알려 줍니다. 그리고 세일 첫날 아침 큰 가게의 문이 열리자마자 비장한 표정으로 가게 안으로 우당탕 뛰어드는 인파도 매년 잊지 않고 보여 줍니다.

핵심 문법 요점 노트

철자법 개정에 관해 알려드립니다.

더욱 일관되고 규칙성 있는 철자법으로 개선하기 위한 목적으로 L'Académie française(프랑스 학술원)에서 지난 1990년에 프랑스 단어 약 2,400개 정도의 철자법 개정을 공포했습니다. 그 당시 계획은, 오랜 적응 기간을 두고 2016년 새 학기 교과과정을 선두로 개정된 철자법을 적극적으로 반영하기 위함이었습니다. 하지만 프랑스 교사 협회와 관련 전문가들의 거센 반대로 인해 개정된 철자법을 아직까지 적극적으로 사용하고 있지는 않으며, 예전 철자법과 바뀐 철자법을 동시에 사용할 수 있게 하고 있습니다. 한국의 경우 2017년 하반기 기준으로 보았을 때 프랑스어 자격시험인 DELF/DALF에서도 바뀐 철자법을 시험 문제에 적용하거나 학생들의 점수에 반영하고 있지는 않습니다. 그렇지만 분명한 것은 바뀐 철자법의 사용이 차츰 늘어날 것이라는 점입니다. 이 교재의 경우 지금의 실정에 맞추어 기존의 철자법을 사용했지만, 바뀐 철자법 중에 가장 눈에 띄는 변화만 몇 가지 간단하게 소개하겠습니다.

1. [ˆ] l'accent circonflexe [악썽실콘플렉스]의 생략
   이 기호를 표기하지 않아도 더 이상 오타로 보지 않습니다. 예를 들어 예전에는 fôret(숲)라는 단어의 철자 o 위에 올려진 [ˆ] 기호를 반드시 붙여야 했지만, 이제는 기호를 생략해도 됩니다. 기호를 올리든 생략하든 올바른 철자법으로 간주합니다.

2. 두 단어 사이에 [-] trait d'union [트헷 뒤니옹] 기호가 있었던 적지 않은 수의 단어들이 기호를 빼고 하나로 합쳐집니다. 가령 week-end(주말)는 이제 weekend로 사용할 수 있습니다.

3. 철자와 발음이 다른 몇몇 단어들의 철자가 발음에 맞게 변경되었습니다. 양파 oignon의 경우, 철자대로 발음하면 [우와뇽]이지만 실제 발음은 [오뇽]이었습니다. 철자법 개정안 공식 사용 공표로 실제 발음에 맞추어 ognon[오뇽]으로 바뀌었습니다.

그 외에도 몇몇 단어에 한해 é [악썽 떼귀]가 붙은 단어가 è [악썽 그하브]로 바뀐다든지 과거시제와 관련해 일부 동사의 과거분사 용법이 변한다든지 하는 등의 변화가 있습니다. 우선 기존의 철자법대로 학습하시고 천천히 변화하는 흐름에 맞추어 현지의 프랑스인들처럼 조금씩 새 철자법에 적응해 가는 것이 좋겠습니다.

프랑스어 철자 기호 악썽 [accent]

프랑스어는 모음 위에 표시하는 다섯 가지의 기호가 있습니다.
각각의 기호를 확인하고 발음에 주의하세요.

[´] accent aigu [악썽 떼귀]	e 철자 위에 사용합니다. 악썽 떼귀가 붙은 é는 [애]로 발음합니다.	예 bébé [배배] 아기 été [애때] 여름
[`] accent grave [악썽 그하브]	a, e, u 철자 위에 사용합니다. 악썽 그하브가 붙은 è는 [에]로 발음합니다. a나 u 철자 위에 붙은 악썽 기호는 발음에 영향을 끼치지 않습니다.	예 père [빼흐] 아빠 mère [메흐] 엄마
[^] accent circonflexe [악썽 실콘플렉스]	a, e, i, o, u 모음 위에 사용합니다. 발음에 영향을 끼치지 않습니다. 악썽 실콘플렉스를 사용한 대부분의 영어 단어는 s가 남아 있습니다.	예 hôpital [오피딸] 병원 forêt [포헤] 숲
[¸] cédille [쎄디으]	c [크] 철자 아래에 붙여서 ç [쓰]로 발음하도록 합니다.	예 garçon [갸흐쏭] 소년 façon [파쏭] 방법
[¨] tréma [트해마]	e, i, u 위에만 표기합니다. 모음을 각각 나누어 발음할 때 사용합니다.	예 noël [노엘] 크리스마스 naïf [나이프] 순진한

연음 [liaison]

단어의 마지막 자음이 다음 단어의 모음 혹은 무음 h를 만나면서 발음이 됩니다.

mon [몽] + ami [아미]	예 mon ami [모나미] 내 친구
neuf [뇌프] + hommes [엄므]	예 neuf hommes [뇌범므] 아홉 남자

★ 연음을 하면 안 되는 경우

명사 주어 + 동사	예 Alex est gentil. [알렉스 에 정티] 알렉스는 친절하다.
단수명사 + 형용사	예 un garçon aimable [앙 갸흐쏭 에마블] 사랑스러운 소년
유음 h 앞	예 un héro [앙 애호] 영웅
et 뒤에	예 une pomme et une baguette [윈 뽐므 에 윈느 바게트] 사과 하나와 바게트 하나

 **문장의 기본 요소**

⭐ 주어

동사의 동작을 행하는 사람이나 사물을 나타냅니다. 주로 명사, 대명사가 쓰입니다.

- 예) **Un homme marche.** 한 남자가 걷는다.
  Il chante. 그는 노래를 부른다.

⭐ 동사

주어의 동작이나 상태를 나타냅니다.

- 예) **Il cuisine.** 그는 요리를 합니다.
  Elle danse. 그녀는 춤을 춥니다.

⭐ 속사

주어나 목적어의 성질이나 상태를 나타냅니다. 품사는 명사나 형용사가 주로 쓰입니다.

- 예) **Je suis coréen.** [주어 속사] 나는 한국인입니다.
  Ce bébé rend sa famille heureuse. [목적어 속사] 이 아기가 그의 가족을 행복하게 만듭니다.

⭐ 보어

보어에는 직접목적보어, 간접목적보어, 상황보어, 동작주보어가 있습니다. 주로 명사나 대명사가 쓰입니다.

- 예) **Il achète un sac.** [직접] 그는 가방을 삽니다.
  Elle parle à son copain. [간접] 그녀는 그녀의 남자친구에게 말을 합니다.
  Paul se promène dans un parc. [상황보어: 시간, 장소] 폴은 공원에서 산책한다.
  Je suis invité par lui. [동작주보어: 전치사 par/de와 함께 쓰임] 나는 그에게(~ 의해서) 초대받는다.

문장의 기본 형식

1형식	**주어 + 동사 (+ 상황보어)** 예) Je danse (dans ma chambre). 나는 (내 방에서) 춤춘다. Tu pars (pour l'Angleterre). 너는 (영국으로) 떠난다.
2형식	**주어 + 동사 + 속사 (+ 상황보어)** 예) Vous êtes japonais ? 당신들은 일본인인가요 ? Nous sommes chinois. 우리는 중국인입니다.
3형식	**주어 + 동사 + 직접/간접 목적보어 (+ 상황보어)** 예) Il adore le jus de pomme. 그는 사과주스를 좋아한다. Elle téléphone à Paul. 그녀는 폴에게 전화한다.
4형식	**주어 + 동사 + 직목 + 간목 (+ 상황보어)** ※직목/간목의 순서는 중요하지 않음 예) Elle vend ses dessins aux gens. 그녀는 자신의 그림을 사람들에게 판매한다. Nous donnons une fleur au professeur. 우리는 선생님에게 꽃 한 송이를 준다.
5형식	**주어 + 동사 + 목적보어 + 목적보어 속사 (+ 상황보어)** 예) Je peux rendre ma vie joyeuse. 나는 내 인생을 즐겁게 만들 수 있다. Cette fille utilise le verre comme pot. 이 소녀는 화분을 컵처럼 사용한다.

★ 5형식에 주로 사용하는 동사 종류

faire ～을 …하게 만들다   appeler ～을 …라고 부르다
laisser ～을 …하게 내버려두다   trouver ～을 …라고 판단하다
rendre ～을 …인 상태로 만들다

 **정관사**

남성(단수)	여성(단수)	복수
le	la	les

1. 영어의 the에 해당됩니다. 이미 지시된 대상을 한 번 더 지시할 때 사용합니다.

   예) **Je regarde la fille.** 나는 그 소녀를 바라본다.

2. 고유명사(유일한 것) 앞에서 사용합니다.

   예) **le soleil** 태양
   la lune 달

3. 기호(좋다, 싫다 등)를 나타낼 때 분류를 총칭합니다.

   예) **Je n'aime pas le café.** 나는 커피를 좋아하지 않아.
   J'aime le thé. 나는 차를 좋아해.

4. 사물이나 동물의 보편적인 성질을 지시합니다.

   예) **Le lion est un animal dangereux.** 사자는 위험한 동물이야.

5. 복수로 사용될 때는 그것의 전부를 지시합니다.

   예) **les étoiles** 별들(별들 전체)
   les étudiants 학생들(모든 학생들)

 **부정관사**

남성(단수)	여성(단수)	복수
un	une	des

1. 영어 a의 역할과 비슷합니다. 대상을 처음 지시할 때 사용합니다.

   예) **Je regarde une fille.** 나는 한 소녀를 바라봅니다.

2. 단수의 경우 '한 개', '한 사람' 등의 수를 나타내기도 합니다.
   복수로 쓰일 경우 '몇몇의 것(사람)'을 나타냅니다.

   예) **Je mange un sandwich.** 나는 샌드위치 하나를 먹어.
   Il y a des livres sur la table. 테이블 위에 책 몇 권이 있다.

 **부분관사**

남성(단수)	여성(단수)	복수
du (de l')	de la	des

1. 셀 수 없는 물질명사와 추상명사를 나타낼 때 사용합니다.

셀 수 없는 물질명사 예) du vin 와인   du chocolat 초콜릿   des pâtes 파스타
셀 수 없는 추상명사   de l'espoir 희망 du courage 용기   de la chance 행운

예) Tu veux des pâtes ? 너 파스타 원하니? (=파스타 먹을래?)
    Paul a de la chance ! 폴은 운이 좋군!

2. '몇몇의', '어느 정도의'의 뜻으로 양을 나타낼 때 사용합니다. 영어의 some에 해당합니다.
또는 일상에서 우리가 소비하는 '적당한' 양이나 개수를 나타내기도 합니다.

예) Ils mangent du fromage. 그들은 치즈를 (좀) 먹습니다.

 **명사**

명사는 남성과 여성이 나누어져 있습니다. 하지만 다행히도 명사의 어미에 따라 남성과 여성을 구분을 할 수 있습니다. 예외도 있음에 유의하세요.

★ **남성형**

자음으로 끝나면 남성 명사인 경우가 많습니다.

예) le sac 가방
    le nom 이름

그 외에 -age, -eau, -ment로 끝나는 명사도 대개 남성형 명사입니다.

예) l'âge 나이
    le voyage 여행
    le gâteau 과자
    l'appartement 아파트

★ 여성형

생물성인 경우 남성형에서 -e를 붙여 주면 여성형이 됩니다.
무생물인 경우 -tion, -sion으로 끝나거나 té로 끝나는 경우에 여성형이 많습니다.

남성형 + -e	예 un commerçant 남자 상인 → une commerçante 여자 상인 un avocat 남자 변호사 → une avocate 여자 변호사
-tion, -sion, té로 끝나는 경우	예 la station 지하철역 la télévision 텔레비전 la simplicité 간결함

★ 규칙 활용을 하는 경우

남성	여성	남성 / 여성
-en	-enne	예 un lycéen / une lycéenne 고등학생
-on	-onne	예 un lion / une lionne 사자
-er	-ère	예 un étranger / une étrangère 외국인
-ier	-ière	예 un cuisinier / une cuisinière 요리사
-eur	-euse	예 un serveur / une serveuse 서빙하는 사람
-eur	-rice	예 un acteur / une actrice 배우

★ 그 외의 경우

본래 형태가 다른 경우	예 un homme / une femme 남자, 여자 un frère / une sœur 남자형제, 여자형제
성에 따라 뜻이 달라지는 경우	예 un tour 한 바퀴 돌기 / une tour 탑 un mémoire 논문 / une mémoire 기억
두 개의 성을 동시에 갖는 경우 (생명체이고 -e로 끝나며, 관사가 성을 나타냄)	예 un artiste / une artiste 아티스트 un élève / une élève 학생

★ 단수 명사를 복수 명사로 만들기

단수형에 -s를 붙인다. (-ou는 원래 -s를 붙이나, 몇몇 주요 일상 단어는 -x를 붙인다.)	예) un ami / des amis 친구(들) un stylo / des stylos 펜(들) un bijou / des bijoux 보석 un genou / des genoux 무릎
-s,-x,-z로 끝나는 명사는 단수와 복수의 형태가 같다.	예) un pays / des pays 나라(들) une voix / des voix 목소리(들)
-au, -eu, -al로 끝나는 명사는 대체로 -aux(-eux)로 바뀐다.	예) un journal / des journaux 신문 un cheveu / des cheveux 머리카락

형용사

형용사는 사람이나 사물의 성질, 상태 등을 설명할 때 사용합니다. 수식하는 대상의 성과 수에 반드시 일치시켜 주어야 합니다.

예) un garçon sensible 감수성이 예민한 소년

★ 여성형

명사의 여성형 만들기와 유사합니다. 기본적으로 형용사 남성 단수형에 -e를 붙입니다.

남성형 + -e	예) grand / grande 큰 petit / petite 작은
-e로 끝나는 남성형은 여성형이 동일	예) un ami triste / une amie triste 슬픈 친구(남/여) un artiste honnête / une artiste honnête 정직한 예술가(남/여)

★ 규칙 활용을 하는 경우

남성	여성	
-er	-ère	예) cher / chère 사랑스러운; 비싼 premier / première 첫 번째의
-eux, -eur	-euse	예) heureux / heureuse 행복한 rêveur / rêveuse 꿈꾸는
-oux	-ouse	예) jaloux / jalouse 질투 나는
-f	-ve	예) actif / active 활동적인 sportif / sportive 운동의, 운동을 좋아하는

★ 그 외의 경우

변칙의 경우	예 blanc / blanche 흰색의 long / longue 긴 gros / grosse 뚱뚱한

★ 복수형 만들기

단수형에 -s를 붙인다.	예 bleu / bleus 파란색의
-al로 끝나는 경우 -aux로 바꾼다.	예 spécial / spéciaux 특별한 commercial / commerciaux 상업적인
-s, -x로 끝나면 그대로 사용한다.	예 le français / les français 프랑스인(들) le pays / les pays 나라(들)

★ 형용사의 위치

'명사 앞에' 위치하는 형용사

1. 짧고 자주 사용하는 형용사는 명사의 앞에서 수식합니다.

예 un **bon** gâteau 맛있는 과자
　 une **jolie** robe 예쁜 원피스

> ※ 명사 앞에서 꾸며 주는 형용사
>
> **bon** 좋은, 맛있는　**petit** 작은　**même** 같은　**joli** 예쁜　**beau** 아름다운
> **jeune** 젊은　**vrai** 사실의　**long** 긴　**nouveau** 새로운

2. 숫자(기수, 서수)도 반드시 명사 앞에 위치합니다. 양적인 가치를 가지는 형용사도 명사 앞에 씁니다.

예 le **premier** jour 첫 번째 날
　 les **deux** pains 두 개의 빵
　 un **grand** lecteur 애독가
　 un **gros** acheteur 구매를 많이 하는 사람

'명사 뒤에' 위치하는 형용사

일반적인 형용사는 대개 뒤에서 수식합니다. 특히 국적, 색, 기호, 외모, 스타일을 나타내는 형용사는 반드시 명사 뒤에 씁니다. (3음절 이상의 형용사도 뒤에 위치합니다.)

예 la musique **française** 프랑스 음악
　 les tables **blanches** 흰 테이블

위치에 따라 뜻이 달라지는 형용사

형용사가 앞에 오는 경우	형용사가 뒤에 오는 경우
예) un **grand** homme 위대한 사람 예) un **pauvre** garçon 가엾은 아이 예) une **sale** moto 나쁜(품질의) 오토바이	예) un homme **grand** 키가 큰 사람 예) un garçon **pauvre** 가난한 아이 예) une moto **sale** 더러운 오토바이

 강세 인칭대명사

주격 인칭대명사(je, tu, il, elle…)와는 달리 동사와의 관계를 떠나 독립적으로 쓰이는 인칭대명사입니다.

★ 종류

moi 나	toi 너	lui / elle / soi 그, 그녀, 자기 자신
nous 우리	vous 너희, 당신(들)	eux / elles 그들, 그녀들

★ 용법

단독으로 사용하는 경우	예) A: Qui veut du fromage ? 누구 치즈 먹을 사람? B: **Moi** ! 내!
être 동사의 속사로 사용하는 경우	예) A: C'est **toi** ? 너니? B: C'est **moi**. 나야.
전치사 다음에 인칭대명사가 올 때	예) Je mange avec **lui**. 나는 그와 함께 식사한다.
동의할 때	예) A: Je parle français ! 나는 프랑스어를 말해. B: **Moi** aussi. 나도. A: Il n'écoute pas cette musique. 그는 그 음악을 듣지 않아. B: **Elle** non plus. 그녀도 듣지 않아. (부정에 대한 긍정)

지시대명사

지시대명사 ce는 중성 지시대명사로서 사물 또는 사건, 사람을 지시하며, 성질과 상태를 지시함으로써 의견을 나타낼 수도 있습니다. être 동사와 함께 쓰는 경우가 많습니다.

1. 이것(들), 그것(들), 이 사람(들), 저 사람(들)의 뜻을 가집니다. 사람 또는 사물을 지시하며 être 동사와 함께 쓰입니다.

   예) C'est un chien. 개다.
   Ce sont mes amis. 내 친구들이다.

2. 비인칭 주어로 쓰입니다.

   예) C'est possible ! 가능해!
   C'est génial ! 멋져!

3. ceci와 cela(속어형 ça)는 원근 또는 대립하는 사물을 가리킵니다. ceci는 가까운 것(이것), cela는 먼 것(저것)을 지시합니다.

   예) Je voudrais ceci et cela. 나는 이것과 저것을 원해요.

소유대명사

소유대명사는 소유자와 소유 대상을 동시에 대명사로 나타내 줍니다. 소유자의 인칭에 따르고, 소유 대상의 성과 수에 일치시킵니다. 사람과 사물 모두 지시하지만 보편적으로 사물을 지시합니다.

	남성 단수	여성 단수	남성 복수	여성 복수
나의 것	le mien	la mienne	les miens	les miennes
너의 것	le tien	la tienne	les tiens	les tiennes
그(그녀)의 것	le sien	la sienne	les siens	les siennes

	남성 단수	여성 단수	남성/여성 복수
우리(들)의 것	le nôtre	la nôtre	les nôtres
당신(들) / 너희들의 것	le vôtre	la vôtre	les vôtres
그들(그녀들의) 것	le leur	la leur	les leurs

예) C'est ton stylo ou c'est le mien ? 이것은 네 펜이니 아니면 내 것이니?
Voilà des fleurs. Ce sont les siennes ? 여기에 꽃이 있군요. 그(그녀)의 것입니까? (※ voilà / voici: 여기에 ~가 있다)

 의문사

의문문을 만드는 방법은 3가지입니다.

① 의문사 + 동사 + 주어 (도치)
② 주어 + 동사 + 의문사
③ 의문사 + [est-ce que] + 주어 + 동사   ※주어와 동사가 도치될 때는 두 단어 사이에 [-] 기호를 반드시 삽입해야 합니다.

★ 의문부사, 의문대명사

Que 무엇 ※ 강세형은 Quoi입니다.	① Qu' aimes-tu? (모음 축약 주의) ② Tu aimes quoi ? ③ Qu'est-ce que tu aimes ?	너는 무엇을 좋아하니?
Qui 누구 ※ Qui는 축약하지 않습니다.	① Qui regardes-tu? ② Tu regardes qui ? ③ Qui est-ce que tu regardes?	너는 누구를 바라보고 있니?
Quand 언제	① Quand voyages-tu ? ② Tu voyages quand ? ③ Quand est-ce que tu voyages ?	너는 언제 여행하니?
Où 어디서	① Où vont-ils ? ② Ils vont où ? ③ Où est-ce qu'ils vont ?	그들은 어디 갑니까?
Comment 어떻게	① Comment sont-elles ? ② Elles sont comment ? ③ Comment est-ce qu'elles sont ?	그녀들은 어때?(그녀들은 어떤 사람들이니?)

★ quoi는 que(무엇)의 강세형 의문사로 que를 사용한 의문문을 회화체 문장으로 만들 때 목적어 자리에 위치시킵니다. 의문사만을 단독으로 사용하는 의문문에서는 Que? 대신에 Quoi?(뭐?)를 사용해야 합니다. que 외의 다른 의문사는 별도의 강세형이 없습니다.

★ 의문형용사

의문형용사는 '어떤', '무슨'의 뜻을 가집니다.
날짜, 나이, 색깔, 국적 등 기본적인 질문을 던질 때 사용하는 의문사입니다.

남성 단수	여성 단수	남성 복수	여성 복수
Quel	Quelle	Quels	Quelles

예) Quel âge as-tu ? 나이가 어떻게 되니?
    Quelle est votre nationalité ? 당신의 국적은 어떻게 됩니까?
    Quelle couleur préfères-tu ? 어떤 색을 선호하니?(=어떤 색을 좋아해?)

지시형용사

ce, cet, cette, ces는 지시형용사로, 명사 앞에 사용됩니다. 명사 앞에서 특정한 사람이나 사물을 지시하는 역할을 하고 '이 ~', '저 ~'로 해석됩니다.

★ 종류

남성형	여성형	복수형
ce cet	cette	ces

예)
ce dessin 이 그림
cet ami 그 친구
cette chambre 이 방
ces enfants 이 아이들

시간 명사 앞에 지시형용사가 쓰이면 현재와 최근을 가리킵니다.

예)
ce matin 오늘 아침
cet après-midi 오늘 오후
ce soir 오늘 저녁
cette nuit 오늘 밤
cette matinée 오늘 오전 동안
cette journée 오늘 낮(하루) 동안
cette soirée 오늘 저녁 동안
cet été 올 여름
cette semaine 이번 주
cette année 올해

là가 붙으면 특정한 때를 지시합니다. 또한 현재의 특정한 때를 지시하기도 합니다. '요즘'과 '이번 달'에는 ci를 붙여 준다는 점에 유의하세요.

예)
ce jour-là 그날
ce soir-là 그날 저녁
ces jours-ci 요즘
ce mois-ci 이달

 **전치사 à**

전치사 à(~에) 뒤에 정관사가 이어져서 나올 경우에 정관사는 축약 형태를 가지게 됩니다.

à + le = au à + la = à la à + les = aux	예 au parc 공원으로 à la maison 집으로 aux toilettes 화장실로	※ 참고 관사 뒤에 모음이나 무음으로 시작하는 명사가 오는 경우는 관사와 명사가 축약합니다. 헷갈리기 쉬우니 주의하세요. 예 à l'école 학교로

전치사 à의 다양한 쓰임을 살펴보세요.

시간	예 Je me lève à 7 heures. 나는 7시에 기상한다.
한정	예 Tu dors de 22 heures à 7 heures ? 너는 밤 10시부터 오전 7시까지 자니?
장소	예 Il va au bureau. 그는 사무실에 간다.
교통수단	예 Elles vont à pied. 그녀들은 걸어서 간다.
재료	예 une tarte aux pommes 사과 파이
목적	예 quelque chose à manger 먹을 것

 **전치사 de**

전치사 de는 '~의', '~에 속한', '~부터', '~에서' 등의 의미를 갖습니다. 쓰임은 아래와 같습니다.

소유	예 L'ordinateur de Paul est neuf. 폴의 컴퓨터는 새 것이다.
유래(~로부터)	예 le vin de Bordeaux 보르도산 와인 sortir de la maison 집에서 나오다
특징	예 un voyage d'affaires 출장
재료	예 une table de bois 나무 테이블

전치사 dans

전치사 dans는 '~의 안에(서)', '~ 후에', '~ 이내에' 등의 다양한 뜻을 가지고 있습니다.

장소	예 **Nous sommes dans un café.** 우리는 카페 안에 있어.
시간	예 **Je termine mes études dans 2 ans.** 나는 2년 뒤에 학업을 마친다. ※ dans + 확실한 단위의 시간(숫자 등으로 표시된 분명한 기간) : ~ 후에 예 **Je vais passer chez toi dans la matinée.** 내가 오전 중에 너희 집에 들릴게. ※ dans + 시작된 시점과 끝나는 시점이 모호한 시간 단위 : ~ 안으로 (~ 동안)

전치사 en

전치사 en은 '~을 이용해서(수단)', '~로(장소)', '~로 구성된(재료)', '~ 만에(시간)' 등 다양한 뜻으로 쓰입니다.

수단	예 **Nous allons à Paris en voiture.** 우리는 자동차를 타고 파리에 간다.
장소	예 **Vous allez en France ?** 너희들은 프랑스로 가니?
재료	예 **J'achète un pantalon en cuir.** 나는 가죽(으로 만들어진) 바지를 샀다.
시간	예 **Il cuisine en 15 minutes.** 그는 15분 만에 요리를 한다.

전치사 pour

pour는 '~을 위한', '~를 향해서' 등의 의미를 가지고 있습니다.

목적	예 **Elle va chez Paul pour déjeuner.** 그녀는 점심식사하러 폴 집에 간다.
장소	예 **Je pars pour Tokyo.** 나는 도쿄로 떠난다.
시간	예 **Nous allons voyager pour 10 ans.** 우리는 10년을 (염두에 두고) 여행할 것이다.

전치사 par

전치사 par는 '~으로', '~을 통해서'라는 의미입니다.

장소	예) Il regarde un oiseau par la fenêtre. 그는 창밖으로 새 한 마리를 본다.
단위	예) une fois par jour 하루에 한 번 deux fois par mois 한 달에 두 번

★ 알아 두면 좋은 전치사구

près de ~에서 가까운, ~근처에	예) Le salon de coiffure est près de la boulangerie. 미용실은 빵집에서 가깝다.
loin de ~에서 먼	예) La banque n'est pas loin du musée. 은행은 박물관에서 멀지 않다.
en face de ~의 맞은 편에	예) La poste est en face du restaurant chinois. 우체국은 중식당 맞은편에 있다.
à côté de ~의 옆에	예) L'hôtel est à côté de la gare. 호텔은 역 옆에 있다.

부정법

부정법은 동사를 활용해서 명사의 형태로 만드는 용법입니다. 동사이지만 명사처럼 쓰입니다.

뒤에 동사원형을 취하는 3대 준 조동사

pouvoir + 동사원형 ~을 할 수 있다 vouloir + 동사원형 ~을 원하다 devoir + 동사원형 ~을 해야 한다	예) Je peux partir aujourd'hui. 난 오늘 떠날 수 있어. Il veut aller au cinéma demain. 그는 내일 영화관에 가길 원해. Vous devez arriver à l'heure. 당신은 정각에 도착해야 해요.

그 외에 뒤에 동사원형을 취하는 동사

aimer + 동사원형 ~하는 것을 좋아하다 détester + 동사원형 ~하는 것을 싫어하다	예) J'aime dormir. 난 자는 것을 좋아해. Tu détestes faire ton lit? 너 침대 정리하는 것 싫어해?

전치사 de와 함께 동사원형을 받는 동사

refuser de + 동사원형 ~하는 것을 거절(거부)하다 éviter de + 동사원형 ~하는 것을 피하다	예) Il refuse de sortir. 그는 외출하는 것을 거부한다. Elle évite de répondre. 그녀는 대답하는 것을 피한다.

전치사 à 와 함께 동사원형을 받는 동사

chercher à + 동사원형 ~할 것을 찾다 apprendre à + 동사원형 ~하는 것을 배우다	예) Nous **cherchons à** manger. 우리는 먹을 것을 찾는다. Ils **apprennent à** faire du pain. 그들은 빵 만드는 법을 배운다.

비교급과 최상급

★ 비교급

문장 내에서 서로 간에 성질과 상태를 비교하는 것을 말합니다.

형용사 비교

형용사 비교의 경우, 반드시 성과 수를 일치시켜야 합니다.

plus ~ que 더 ~한 moins ~ que 덜 ~한 aussi ~ que ~만큼 ~한	예) Mon père est **plus** grand **que** mon oncle. 내 아버지가 삼촌보다 크다. Elle est **plus** âgée **que** moi (de 5 ans). 그녀는 나보다 (5살 더) 나이가 많다. ※ 구체적으로 표현할 때에는 전치사 de를 사용합니다.

★ 특수한 우등 비교(plus ~ que 대신 사용) : bon(ne) → meilleur(e) 더 좋은 / mauvais(e) → pire 더 나쁜

부사 비교

형용사와 형태가 같습니다.

plus ~ que 더 ~한 moins ~ que 덜 ~한 aussi ~ que ~만큼 ~한	예) Il arrive **plus** tard **que** moi. 그는 나보다 더 늦게 도착했다. Paul court **aussi** vite **que** toi. 폴은 너만큼 빠르게 달린다.

★ 특수한 우등 비교(plus ~ que 대신 사용): bien → mieux 더욱 잘 ~한
　예) Mon portable marche **mieux** que le tien. 내 휴대전화가 너의 것보다 더 작동이 잘 된다.

명사 비교

plus de ~ que 더 ~한 moins de ~ que 덜 ~한 autant de ~ que ~만큼 ~한	예) Il a **plus de** courage **que** vous. 그는 당신들보다 더 용기가 있다. Nous mangeons **autant de** pommes **que** Paul. 우리는 폴만큼 사과를 먹는다.

★ 셀 수 있는 명사일 경우 복수 형태로 만들어 줍니다. 하지만 추상명사나 셀 수 없는 물질명사일 경우 단수 형태를 유지합니다.

동사 비교 (막연한 양 비교)

plus que 더 ~한	
moins que 덜 ~한	예 Tu voyages plus que nous. 너는 우리들보다 여행을 더 많이 해.
autant ~ que ~만큼 ~한	Tu marches moins que lui. 너는 그보다 더 빨리 걷는다.

★ 최상급

최상급은 '정관사(le, la, les) + 비교급 + de'로 만듭니다. 동등최상급은 존재하지 않고 우등이나 열등의 최고 비교만 있습니다. 형용사의 최상급은 관사의 성과 수에 일치시키지만 부사나 명사의 최상급은 남성형 le만 사용합니다.

예 Il est le plus charmant du monde. 그는 세상에서 가장 매력적이다.
 Elle se couche le plus tard de ses amis. 그녀는 그녀의 친구들 가운데서 가장 늦게 잠자리에 든다.
 Paul mange le plus vite de sa famille. 폴은 그의 가족 중에서 가장 빨리 먹는다.

명령형 (특수한 형태를 취하는 동사들)

avoir 가지다

(tu)	aie	
(nous)	ayons	+명사
(vous)	ayez	

예 Ayons du courage ! (우리) 용기를 가지자!

être ~이다

(tu)	sois	
(nous)	soyons	+형용사
(vous)	soyez	

예 Sois sage ! 현명하게 굴도록 해!

savoir 알다

(tu)	sache	
(nous)	sachons	+que+주어+동사
(vous)	sachez	

예 Sachez qu'il est honnête ! 그가 정직한 사람이라는 것을 알아 두세요!

※ savoir 동사의 명령법의 경우 거의 대부분 접속사 que와 함께 사용됩니다.

vouloir 원하다

(tu) veuille	
(nous) veuillons	+동사원형
(vous) veuillez	

예) **Veuillez** patienter ! 조금만 기다려 주십시오!

일상 회화에서 자주 사용하는 부사

★ 부사의 형태

부사는 문장 내에서 동사, 형용사, 부사를 수식합니다. 일반적으로 성과 수는 변화하지 않습니다.

형용사의 여성형 + ment	예) sérieux-sérieuse 진지한 → sérieusement 진지하게 certain-certaine 확실한 → certainement 확실하게
모음으로 끝나는 남성 형용사 + ment	예) joli 예쁜 → joliment 예쁘게 poli 친절한 → poliment 예의 바르게
남성, 여성 형태가 동일한 경우 + ment	예) simple-simple 단순한 → simplement 단순하게 sage-sage 현명한 → sagement 현명하게
-ant로 끝나는 단어의 어미는 + amment -ent로 끝나는 단어는 + emment	예) courant 흐르는 → couramment 유창하게 récent 최근의 → récemment 최근에

그외 부사 형태

예) **gentil** 친절한 → **gentiment** 친절하게
  précis - précise 구체적인 → **précisément** 구체적으로

★ 문장 내 위치

동사를 수식할 때는 동사 뒤에 위치합니다.

예) Il travaille **bien**. 그는 일을 잘 한다.
  Elle voyage **souvent**. 그녀는 자주 여행한다.

형용사나 부사를 수식할 때는 그 앞에 위치합니다.
- 예 Ce parc est très beau. 이 공원은 매우 아름답다.

문장 전체를 수식할 땐 문장 맨 앞이나 맨 뒤에 옵니다.
- 예 Récemment, elle est heureuse. 최근 그녀는 행복하다.
  Il finit son travail tôt ! 그는 그의 일을 일찍 끝낸다.

 숫자

★ 숫자 1~10

1 un	2 deux	3 trois	4 quatre	5 cinq
6 six	7 sept	8 huit	9 neuf	10 dix

★ 숫자 11~20

11 onze	12 douze	13 treize	14 quatorze	15 quinze
16 seize	17 dix-sept	18 dix-huit	19 dix-neuf	20 vingt

★ 숫자 10~100

10 dix	20 vingt	30 trente	40 quarante
50 cinquante	60 soixante	70 soixante-dix	80 quatre-vingts
90 quatre-vingt-dix	100 cent		

⭐ 10단위의 숫자

21 vingt et un	22 vingt-deux	23 vingt-trois	24 vingt-quatre
25 vingt-cinq	26 vingt-six	27 vingt-sept	28 vingt-huit
29 vingt-neuf	31 trente et un	32 trente-deux	33 trente-trois
34 trente-quatre	35 trente-cinq	36 trente-six	37 trente-sept
38 trente-huit	39 trente-neuf	41 quarante et un	42 quarante-deux
43 quarante-trois	44 quarante-quatre	45 quarante-cinq	46 quarante-six
47 quarante-sept	48 quarante-huit	49 quarante-neuf	51 cinquante et un
52 cinquante-deux	53 cinquante-trois	54 cinquante-quatre	55 cinquante-cinq
56 cinquante-six	57 cinquante-sept	58 cinquante-huit	59 cinquante-neuf
61 soixante et un	62 soixante-deux	63 soixante-trois	64 soixante-quatre
65 soixante-cinq	66 soixante-six	67 soixante-sept	68 soixante-huit
69 soixante-neuf	71 soixante et onze	72 soixante-douze	73 soixante-treize
74 soixante-quatorze	75 soixante-quinze	76 soixante-seize	77 soixante-dix-sept
78 soixante-dix-huit	79 soixante-dix-neuf	81 quatre-vingt-un	82 quatre-vingt-deux
83 quatre-vingt-trois	84 quatre-vingt-quatre	85 quatre-vingt-cinq	86 quatre-vingt-six
87 quatre-vingt-sept	88 quatre-vingt-huit	89 quatre-vingt-neuf	91 quatre-vingt-onze

92	93	94	95
quatre-vingt-douze	quatre-vingt-treize	quatre-vingt-quatorze	quatre-vingt-quinze
96	97	98	99
quatre-vingt-seize	quatre-vingt-dix-sept	quatre-vingt-dix-huit	quatre-vingt-dix-neuf

★ **주의 사항**

70 이상의 독특한 숫자 계산법을 눈여겨보세요.

예) 70 = **soixante-dix** (60+10)
    80 = **quatre-vingts** (4×20)
    90 = **quatre-vingt-dix** (4×20+10)

숫자 8, 11 앞에 오는 자음은 앞에 오는 모음과 축약하지 않습니다.

예) **C'est le huit juin.** 6월 8일입니다.
    C'est le onze août. 8월 11일입니다.

프랑스어에는 1군, 2군, 3군 세 종류의 동사가 있습니다.

★ **1군 동사**

어미가 -er로 끝나면서 규칙적인 활용을 하는 동사로, 프랑스어 전체 동사의 90% 이상이 1군 동사입니다.

주어에 따른 동사 변화	je	-e	nous	-ons
	tu	-es	vous	-ez
	il / elle	-e	ils / elles	-ent

대표적인 1군 동사

- **aimer** 사랑하다, 좋아하다
- **écouter** 듣다
- **marcher** 걷다
- **regarder** 바라보다
- **utiliser** 사용하다
- **chanter** 노래하다
- **étudier** 공부하다
- **parler** (언어를) 말하다, 구사하다
- **travailler** 일하다, 공부하다
- **donner** 주다
- **habiter** 살다
- **passer** 지나가다
- **trouver** 발견하다, ~라고 판단하다

1군 동사 변화 예

	habiter 살다	aimer 좋아하다	parler 말하다	regarder 바라보다
je	habite (j'habite)	aime (j'aime)	parle	regarde
tu	habites	aimes	parles	regardes
il/elle	habite	aime	parle	regarde
nous	habitons	aimons	parlons	regardons
vous	habitez	aimez	parlez	regardez
ils/elles	habitent	aiment	parlent	regardent

1군 변칙 동사

몇몇 1군 동사는 발음의 용이함을 위해 기호나 철자가 변형되기도 합니다.

	acheter 사다	manger 먹다	préférer 선호하다	appeler 부르다
je	achète (j'achète)	mange	préfère	appelle (j'appelle)
tu	achètes	manges	préfères	appelles
il/elle	achète	mange	préfère	appelle
nous	achetons	mangeons	préférons	appelons
vous	achetez	mangez	préférez	appelez
ils/elles	achètent	mangent	préfèrent	appellent

★ 2군 동사

어미가 -ir로 끝나며 1군 동사와 마찬가지로 규칙적인 활용을 합니다.

주어에 따른 동사 변화	je	-is	nous	-issons
	tu	-is	vous	-issez
	il/elle	-it	ils/elles	-issent

대표적인 2군 동사

blanchir 하얗게 되다　　finir 마치다, 끝내다　　grandir 자라다
grossir 뚱뚱해지다　　mincir 날씬해지다　　rougir 붉어지다

2군 동사 변화 예

finir 마치다, 끝내다	je	fin**is**	nous	fin**issons**
	tu	fin**is**	vous	fin**issez**
	il/elle	fin**it**	ils/elles	fin**issent**

★ 3군 동사

3군 동사는 1군 동사와 2군 동사 이외의 동사들입니다.

대표적인 3군 동사

	avoir ~을 가지다	aller 가다	venir 오다	faire 하다
je	ai (j'ai)	vais	viens	fais
tu	as	vas	viens	fais
il/elle	a	va	vient	fait
nous	avons	allons	venons	faisons
vous	avez	allez	venez	faites
ils/elles	ont	vont	viennent	font

	prendre 잡다, 먹다	vouloir ~하고 싶다	devoir ~해야 한다	pouvoir ~할 수 있다
je	prends	veux	dois	peux
tu	prends	veux	dois	peux
il/elle	prend	veut	doit	peut
nous	prenons	voulons	devons	pouvons
vous	prenez	voulez	devez	pouvez
ils/elles	prennent	veulent	doivent	peuvent